크리스천 멘토링

크리스천 멘토링

초판 1쇄 인쇄일 2025년 12월 3일
초판 1쇄 발행일 2025년 12월 10일

지은이 정병표
펴낸이 양옥매
디자인 송다희 표지혜
교 정 정혜선
마케팅 송용호

펴낸곳 도서출판 책과나무
출판등록 제2012-000376
주소 서울특별시 마포구 방울내로 79 이노빌딩 302호
대표전화 02.372.1537 **팩스** 02.372.1538
이메일 booknamu2007@naver.com
홈페이지 www.booknamu.com
ISBN 979-11-6752-713-4 (03230)

* 저작권법에 의해 보호를 받는 저작물이므로 저자와 출판사의 동의 없이 내용의 일부를 인용하거나 발췌하는 것을 금합니다.
* 파손된 책은 구입처에서 교환해 드립니다.

크리스천 멘토링

· 정병표 지음 ·

영적 동행이 이끄는 삶의 변화

책나무

한 사람의 개성이나 품성은 어떻게 이루어지는가? 그것은 두 사람 이상의 관계 속에서 형성된다. 혼자서 개성과 품성이 만들어지는 것이 아니다. 나와 오랫동안 함께했던 주변 사람들이 나의 성품을 만드는 데 영향을 준다. 오늘의 나는 내가 지금까지 만난 사람들과 관계 맺음의 결과다. 그래서 누구를 만나느냐가 중요하다.

- 이대희 목사 『인간관계의 힘』에서

프롤로그

함께 걷는 믿음의 여정

우리는 모두 믿음의 길을 걷는 순례자입니다. 어떤 이는 막 첫걸음을 내디뎠고, 또 어떤 이는 수많은 고개를 넘어온 이들입니다. 그러나 이 여정에서 혼자 걷는 이보다, 함께 걷는 이가 더 멀리, 더 깊이 나아갈 수 있습니다.

누군가 내 곁에 조용히 함께 걸어 주었던 기억이 있습니까?

우리는 때로 멀리 있는 성공보다, 곁에 있는 한 사람의 따뜻한 시선으로 다시 일어섭니다. 크고 대단한 가르침보다, 삶으로 보여 준 작고 진실한 믿음이 우리의 인생을 바꿉니다.

성경을 보면, 하나님은 언제나 사람을 통해 사람을 세우셨습니다. 모세는 여호수아를, 엘리야는 엘리사를, 예수님은 열두 제자를 곁에 두고 삶으로 가르치셨습니다.

멘토링은 '말'이 아니라 '삶'입니다. 지식을 전달하는 것이 아니라, 함께 걷는 것입니다. 무언가를 강요하는 것이 아니라, 함께 울고 웃으며 하나님의 길을 걸어가는 것입니다.

예수님께서 제자들과 함께 걸으셨던 그 길처럼, 우리도 누군가의 곁에서 함께 걸을 수 있습니다. 멘토링은 완벽한 사람이 하는 일이 아닙니다. 오히려 자신의 연약함을 고백할 줄 알고, 하나님의 은혜를 함께 나눌 줄 아는 사람이 감당할 수 있는 귀한 사역입니다.

크리스천 멘토링은 단순한 조언이나 지식 전달을 넘어, 삶을 나누고 영혼을 돌보는 사역입니다. 멘토는 멘티의 삶에 귀 기울이며, 하나님의 시선으로 그를 바라보고, 때로는 눈물로, 때로는 기도로 동행합니다. 이 책을 통해 그런 동행의 아름다움과 실제적인 방법들을 담고자 했습니다.

이 책은 삶으로 이끄는 멘토링을 꿈꾸는 모든 이들에게 드리는 작은 안내서입니다. 멘토링이란 무엇인지, 어떻게 시작하고 지속할 수 있는지, 그리고 그 안에서 하나님께서 어떻게 역사하시는지를 함께 발견하게 되기를 소망합니다. 당신의 삶이 누군가에게 등불이 되고, 또 누군가의 삶이 당신에게 은혜가 되는 놀라운 여정이 시작되기를 기도합니다.

하나님께서 당신을 통해 또 다른 한 사람을 세우실 것입니다.

2025년 12월
정병표

차례

프롤로그 함께 걷는 믿음의 여정 *6*

Part 1

사람을 세우는 멘토링

1 멘토링이란 무엇인가 *16*
2 멘토링 원칙과 형태 *28*
3 예수님은 최고의 멘토링 모델 *48*

Part 2

성경 속 멘토링

1 모세와 여호수아 – 삶을 나누는 과정 *60*

2 엘리야와 엘리사 – 계승을 위한 헌신 *64*

3 나오미와 룻 – 삶으로 보여 주는 신앙 *68*

4 요나단과 다윗 – 훌륭한 동료 멘토링 *71*

5 다윗과 솔로몬 – 하나님 중심의 유산 *74*

6 바나바와 바울 *77*

7 바울과 복음의 동역자들 *88*

Part 3

멘토링 리더십

1 크리스천 멘토링 리더십 *104*

2 사역의 열쇠 멘토(Mentor) *110*

3 효과적인 멘토링 관계 구축 *126*

4 멘토링 윤리강령 및 비밀 유지 *140*

5 멘토링 계획 세우기 *143*

6 멘토링에서 오는 열매 *153*

7 멘티의 독립과 파송 *162*

Part 4

멘토와 멘티가 함께 성장하는 여정

1   멘토의 지속적 성장을 위한 교육 프로그램 *168*

2   교회 멘토링 프로그램 *173*

3   청소년 멘토링 프로그램 *179*

4   환자 · 지체장애인 멘토링 프로그램 *186*

5   외국인 유학생 선교 멘토링 프로그램 *194*

6   온라인 플랫폼을 활용한 멘토링 *200*

에필로그 한 사람을 세우는 것의 기적 *208*

감사의 글 여러분이 저의 멘토입니다 *209*

부록 *213*

참고문헌 *232*

Part 1

사람을 세우는 멘토링

예수님은 제자들에게 단순히 가르침만 주지 않으셨다.
함께 식사하고, 함께 여행하고, 함께 사역하면서 '삶' 그 자체로 가르치셨다.
멘토링은 동행하며 보여 주는 것이다.

1

멘토링이란 무엇인가

1) 멘토링의 기원과 등장

그리스 신화 호머(Homer)의 「오디세이(Odyssey)」에서 기원전 1250년 오디세우스 왕은 20년간의 트로이 전쟁에 떠나기에 앞서서 대단히 나약한 아들인 텔레마코스를 친구이자 아들의 가정교사였던 멘토르에게 맡기고 전쟁터로 떠난다.

멘토르는 당시 아타카 일대에서 가장 지혜로운 사람, 철학자로 알려지기도 했다. 멘토르는 텔레마코스를 대화식으로 교육했고, 상상력을 동원케 하였으며, 동료처럼 대하여 거리를 좁혔다고 한다. 텔레마코스는 답변을 못할 때에는 불안함으로 가득 차 있다가도 아버지처럼 정다운 멘토르의 이야기에 그 마음이 녹아 버렸다고 한다. 멘토르는 텔레마코스가 아버지를 찾아 나설 수 있도록 하는 임무를 맡겨서 용감하고 지혜로운 왕으로 손색이 없는 훌륭한 인물로 성장시켰다. 멘토르는 텔레마코스가 완전한 인간, 즉 인격자, 용사, 지혜자, 왕자로서 온전히 성장하도록 최선을 다한 것이다. 텔레마코스가 성장을 하자 그토록 같이 있기를 간청하는 그를 과감하게 멀리하고 멘토르는 떠났다. 이렇게 '멘토'라는 말은 그리스 신화 오디세이의 인물, 멘토르에서 유래한 것이다.

즉, 자신에게 맡겨진 임무를 완수하기 위해 온몸을 던져 완벽하게 수행하였으며 임무가 완료되었을 때 미련 없이 떠나가는 아름다운 이야기, 그 속의 멘토르와 텔레마코스의 관계를 통하여 멘토링(Mentoring)의 개념이 파생된 것이다.

역사를 통해서도 멘토링의 실제적인 예를 알아볼 수 있는데, 플라톤이 있기까지는 소크라테스라는 멘토가 있었고 알렉산더 대왕에게는 아리스토텔레스라는 훌륭한 멘토가 있었다. 중세 시대에는 명인(Master)과 도제(Apprentice)의 관계를 멘토와 멘티의 관계로 이해할 수 있으며, 근대에 와서는 프로이트란 멘토가 있었기에 칼 융이란 심리학자가 나왔고, 헬렌 켈러가 있기까지는 설리번이란 멘토가 있었다. 훌륭한 인물 뒤에는 항상 멘토가 있었다는 것을 알 수 있다.

현대적인 의미의 멘토링은 1970년대에 등장했다. 미국 사회학자 에버렛 로저스(Everett Rogers)는 그의 저서 『Diffusion of Innovations』에서 혁신의 확산 과정에서 멘토링의 중요성을 강조했다. 그는 멘토가 혁신을 채택하는 데 필요한 정보와 지식을 제공하고, 그 과정에서 발생하는 어려움을 극복하도록 돕는 역할을 한다고 주장했다.

1978년 예일대학의 레빈슨 교수가 베스트셀러 『The seasons of a man's life』이란 책을 출판하고부터 멘토링이 학계에서 관심을 갖게 된다. 그는 이

책에서 성인 시기로 들어가는 사람에게 좋은 멘토가 없다는 것은 마치 어린아이에게 좋은 부모가 없는 것과 같다고 했다. 그리고 1979년 로체(Roche)는 《Harvard Business Review》라는 잡지에서 당시 사업계에서 임원 자리를 차지하고 있던 대부분의 사람은 과거에 멘토가 있었다는 사실을 발견하게 된다. 이 보고서가 발표된 이후 미국의 많은 기업과 직장에서 멘토링 프로그램에 큰 관심을 보였으며, 이를 발전시키고 현장에 적용해 왔다.

그 이후 멘토링은 다양한 분야에서 활용되고 있으며, 개인의 성장과 발전에 중요한 역할을 하는 것으로 인정받고 있다. 멘토링은 조직 내 인재 개발, 경력 개발, 리더십 개발 등에 효과적으로 활용되고 있으며, 사회 문제 해결에도 기여하고 있다.

기독교적인 관점에서의 멘토링, 즉 기독교 멘토링은 특정 시기에 갑자기 시작된 것이라기보다는 성경의 핵심적인 원리이자 초대교회부터 이어져 온 제자훈련의 방식으로 볼 수 있다.

한국 교회에서 '멘토링'이라는 용어가 명시적으로 사용되고 사역으로 정착된 것은 1990년대에 접어들면서 성경 공부와 제자훈련 중심의 목회가 대두하게 되는데, 이 과정에서 제자도를 구현하고 새 신자의 정착과 양육을 체계적으로 돕기 위한 방편으로 멘토링의 개념이 적극적으로 도입되기 시작했다.

2) 멘토링의 정의

멘토링의 정의를 살펴보면 다음과 같다.

- 하나님께서 주신 자원들을 나눔으로써 한 사람이 다른 사람에게 영향을 끼치는 일종의 관계적 경험이다. (Clinton)
- 평생을 지속해야 하는 관계이다. 그 관계 속에서 멘토는 멘티가 하나님께서 주신 잠재력과 비전을 발견할 수 있도록 도와준다. (Bobb Biehl)

- 멘토라고 불리는 한 사람이 멘티로 불리는 다른 사람에게 효과적으로 영향을 줄 수 있는 자산과 여러 가지 자원을 교환하여 줌으로써 능력을 키워 주는 인간관계의 과정이다. (Clinton)
- 한 사람이 다른 사람과 긴밀하고 일정한 관계를 위하여 개인적으로 영향을 주고받는 모든 과정이다. (박건)
- 더 성숙한 신앙인(멘토)이 성숙을 원하는 신앙인(멘티)과 정기적인 만남을 통해 삶과 신앙의 여정을 동행하며, 성장과 회복, 사명을 함께 나누는 관계이다. (필자)

멘토링은 경험과 지식이 풍부한 멘토가 덜 경험한 멘티에게 지도와 조언을 제공하여 개인적, 전문적 성장을 돕는 과정이다. 멘토링은 단순히 지식을 전달하는 것 이상으로, 멘토와 멘티가 상호 발전적인 관계를 형성하고 서로에게 배우고 성장하는 것을 목표로 한다.

종합하면, 첫째로 어떤 사람이 다른 사람을 돕는다는 것, 둘째로 인간관계 그 자체라는 것, 셋째로 일회성이 아니라 지속되는 관계라는 것으로 멘토링을 정의할 수 있겠다. 이와 같은 정의를 내리는 이유는 멘토링이 교회에서만 행해지는 활동이 아니라 오히려 공공기관, 기업, 특히 교육기관에서 더욱 활발하게 활용되고 있는 인간관계 방법론으로써 정착되고 있기 때문이다. 멘토링은 한마디로, 한 사람(Mentor)이 다른 사람(Mentee)에게 영향을 주기 위해 일대일로 관계를 맺어 활동하는 일련의 과정이라고 할 수가 있다.

여기서 먼저 관계를 생각해 보면, 한 사람이 다른 사람과, 다른 사람은 또 다른 사람과 계층적, 상호 동료 간에 거미줄같이 관계를 이루게 되는데, 이를 멘토링의 체인화라고 표현한다. 이러한 멘토링의 체인화를 통하여 건강한 가족, 건강한 교회, 건강한 사회, 건강한 학교, 건강한 조직 및 건강한 국가가 세워진다.

3) 제자훈련과 멘토링의 차이점

　제자훈련은 성경적 가르침을 바탕으로 신앙을 체계적으로 훈련하는 과정이다. 일반적으로 교회 내에서 이루어지며, 성경 공부, 기도, 전도, 공동체 생활 등을 포함한다. 목표는 훈련받은 사람이 또 다른 제자를 양성할 수 있도록 하는 것이다.

　멘토링은 보다 개인적인 관계 속에서 이루어진다. 멘토는 멘티에게 신앙뿐만 아니라 삶의 방향, 인격적 성장, 사역의 실질적인 조언을 제공한다. 멘토링은 긴 시간 동안 지속될 수 있으며, 그로써 멘토와 멘티 간의 깊은 신뢰 관계가 형성된다.

　즉, 제자훈련은 보다 구조화된 교육 과정이며, 멘토링은 개인적인 관계를 기반으로 한 지도와 조언의 과정이라고 볼 수 있다. 어떤 방식이 더 적합할지는 개인의 신앙 여정과 필요에 따라 다를 수 있다.

전도 · 제자화 · 멘토링의 구분

구분	전도	제자화	멘토링
역할 유형	불신자를 회심하고 복음을 제시함	새 신자에게 영적인 진리를 가르치고 양육함	삶의 전 영역에서 돌봐주고 위로, 격려, 인도함
필요한 훈련	전도자의 자격	영적인 훈련을 위한 성경적인 지식과 리더십	실제 삶의 경험과 신앙적 성숙, 성화된 삶
전 생애에 감당할 인원	수천 명을 전도할 수 있음	수백 명 제자화 가능함	한 명 또는 수십 명, 적은 수를 멘토링함
핵심적인 메시지	회개, 구원, 하나님 나라	영적 성숙을 위해 당신이 알고 행해야 할 내용	동행, 어떻게 하면 멘티를 도울 수 있을까?

4) 멘토링의 영적 의미

멘토링의 영적 의미는 단순한 지도나 조언을 넘어, 신앙과 삶의 깊은 변화를 이끄는 과정이라 할 수 있다. 영적 멘토링은 멘토와 멘티가 함께 하나님과의 관계를 성장시키며, 신앙의 방향을 찾도록 돕는 역할을 하는 것이다.

멘토링은 단순한 인간관계가 아니라, 하나님과의

친밀한 관계를 형성하는 과정이며, 멘토는 멘티가 하나님의 뜻을 더 깊이 이해하고, 신앙을 실천할 수 있도록 돕는 역할을 한다.

영적 멘토링은 멘티가 자신의 소명을 발견하고, 하나님께서 주신 목적을 깨닫도록 멘토가 돕는 것인데, 이를 통해 멘티는 자신의 삶과 신앙을 더욱 깊이 있게 바라볼 수 있게 된다.

멘토링은 단순한 지식 전달이 아니라, 멘티의 성품과 영적 성숙을 돕는 과정으로 멘토는 멘티가 신앙적으로 성장할 수 있도록 격려하고, 실질적인 조언을 제공한다.

멘토링을 통해 멘티는 신앙뿐만 아니라 삶의 방향을 설정할 수 있기에 멘토는 멘티가 하나님께서 주신 길을 따라갈 수 있도록 지도하며, 중요한 결정을 내리는 데 도움을 주게 된다.

토니 호스폴(Tony Horsfall)은 『영적 멘토링』 책에서 영적 멘토링이 다른 사역과 다름을 다음과 같이 이야기하고 있다.

"영적 멘토링은 목회 돌봄과 다르다. 왜냐하면 그것은 지금 이 순간의 필요를 넘어서 삶의 방향과 목적에 대한 더 큰 그림을 다루기 때문이다. 그것은 제자화와 다르다. 왜냐하면 그것은 한 사람의 신앙이 한번 세워진 후 그 영혼의 성장에 관심이 있기 때문이다. 그것은 코칭과 다른데 왜냐하면 그것은 어떤 특정 기술을 가르치는 것이 아니지만 개인이 하나님과의 관계를 총체적으로 관여하도록 격려하기 때문이다. 그것은 가르침과 다르다. 왜냐하면 그것은 지식을 전하는 것이 아니라 하나님을 경험하는 것과 우리가 이미 알고 있는 것을 적용하는 것이기 때문이다. 그것은 상담과 다르다. 왜냐하면 문제가 아니라 잠재력에 초점을 두고 있기 때문이다."

또한 앤더슨(Keith R. Anderson)은 "영적 멘토링은 성령과 동역이다. 우리가 발견하는 지혜는 우리를 찾으시고 우리를 은혜의 보좌로 이끄시는 하나님 곧 성령 하나님이시다. 멘토링을 통해 성령께서 일상생활 가운데 역사하심으로 우리를 인도하시는 것을 경험토록 하는 것이다. 따라서 영적 사역인 것이다. 멘토링은 한 성숙한 인간을 사용하시는 성령 하나님의 사역인 것이다."라고 말하고 있다.

2
멘토링 원칙과 형태

1) 하나님의 멘토링 원칙 7가지

(1) 관계 중심(Relationship Mentoring)

하나님은 단순히 명령만 하시는 분이 아니라, 관계 속에서 사람을 변화시키신다. 예수님은 제자들과 함께 먹고, 자고, 삶을 나누며 훈련을 하셨다(마가복음 3:14). 멘토가 먼저 다가가 멘티와 함께 삶을 나누고 진솔한 관계를 형성하는 것이 중요하다.

(2) 사랑과 진리의 균형(Grace&Truth)

참된 멘토링은 무조건적인 사랑(은혜)과 정직한 조

언(진리)의 균형을 이룬다. 예수님은 간음한 여인을 정죄하지 않으셨지만, 다시는 죄를 짓지 말라고 말씀하셨다(요한복음 8:11). 멘티의 실패를 정죄하지 말고 품되 잘못된 부분은 말씀으로 바르게 지적하고 회복시키는 것이 필요하다.

(3) 본을 보이는 삶(Modeling)

하나님은 말씀만 하시는 것이 아니라 행동으로 본을 보이신다. 예수님은 먼저 섬기고, 용서하고, 기도하심으로 제자들에게 삶을 보여 주셨다(요한복음 13:15). 말씀과 기도, 시간 관리 등 내적 역량과 행동, 생활 습관에서 삶의 본이 되도록 노력해야 할 것이다.

(4) 잠재력을 보는 눈(Seeing the Potential)

하나님은 현재의 모습보다 미래의 가능성을 보신다. 겁쟁이였던 기드온을 "큰 용사여!"라 부르시고(사사기 6:12), 돌 같은 시몬을 베드로 "반석"이라 부르셨다(요한복음 1:42). 하나님이 보시는 시각으로 멘티의 미래 가능성을 발견하고 격려하고 기도와 중보로 지지하며 응원하자. 그럴 때 영적 성장을 경험하게 될 것이다.

(5) 과정 중에 함께하심(Walking with Through the Process)

하나님은 단번에 완벽을 요구하지 않으시고 성숙의 여정을 함께 걸어가게 하신다. 이스라엘 백성을 40년 동안 광야에서 인도하셨다(신명기 8:2). 멘티가 완성되기를 기다리지 말고 여정을 함께해야 한다. 넘어져도 다시 세워 주는 인내심이 필요하다.

(6) 책임을 맡기심(Delegation & Trust)

하나님은 사람에게 사명을 맡기고 신뢰하며 삶 속에서 배우게 하신다. 예수님은 제자들에게 복음 전파의 사명을 주셨다(마태복음 28:19-20). 작은 일이라도 멘티에게 사역이나 책임을 맡겨 주고 기도하며 그 일을 잘 수행할 수 있도록 조언하고 도와야 한다.

(7) **기도와 성령의 인도(Spiritual Guidance)**

멘토링은 단순한 인간적 조언이 아니라 성령의 인도하심을 의지해야 한다. 예수님도 중요한 결정을 앞두고 기도하셨고 제자들에게 성령을 의지하도록 하셨다(요한복음 14:26). 멘토링은 영적 분별력을 요구한다. 기도로 준비하고 말씀 묵상과 성령의 감동에 귀를 기울이도록 해야 한다.

2) 멘토링의 참여 형태에 따른 역할과 기능

J.로버트 클린턴, 리처드 W.클린턴은 『멘토링 매뉴얼』에서 성경적 멘토링의 종류를 능동적 멘토링, 비정기적 멘토링, 수동적 멘토링으로 분류했는데 멘토와 멘티의 참여 형태에 따라 각각 다르게 기능이 나타난다고 한다. 각 형태는 멘토링 과정에서 일어나는 각자의 역할을 분명히 한다. 이를 통해 멘토링이 다양한 강도와 다양한 참여도를 보이는 두 사람 사이

의 관계적 상호 교류라는 것을 이해할 수가 있다.

(1) 제자훈련자(Discipler)

제자훈련은 신앙의 모범을 지닌 선임자가 초신자와 관계를 맺고 그들의 인격과 행동에 선한 영향력을 행사하여 그리스도를 따르는 일에 익숙해지도록 그들이 가진 지식과 기술, 철학을 나누는 과정이다.

예수님이 하신 대표적인 멘토링이 바로 12제자를 훈련시키신 것이다. 예수님의 공생애 기간 동안 제자들과 함께 시간을 보내며 하나님의 사랑과 소망과 그분의 계획을 말씀을 통해 가르치셨다. 예수님은 삶을 통해 기도와 사역을 몸소 보여 주시며 어떻게 살아가야 하고 무엇을 해야 하는지 알려 주셨다. 제자들과의 일대일 또는 일 대 다수의 형태로 그들을 훈련시키시는 모습은 도제 모델에 적용되는 수준 높은 비공식적 훈련과 동일하다. 제자훈련을 통한 사람의 성장은 하나님께로부터 시작되나 하나님은 그 일을 이루시기 위해 주위의 사람들을 사용하신다.

이 훈련을 통해 멘티만 성장하고 발전하는 것이 아니라 멘토 또한 자신의 신앙을 점검하고 성찰하는 기회를 갖게 되며 예수님과 같이 섬김의 사랑을 통한 헌신과 노력 속에 발전하게 된다. 또한, 참된 제자훈련은 세상 기준의 효율과 효과를 보여 주는 프로그램이 아니라 삶의 전반을 통해 인격적으로 영적으로 성숙하게 되며 예수님의 제자로서 그 사명을 감당하게 되는 과정이라는 것을 기억해야 한다.

(2) 영적 인도자(Spiritual Guide)

영적으로 성숙하게 하는 데 영향을 미칠 질문이나 결정을 통해 통찰력을 주고 방향을 제시해 주는 경우를 말한다. 멘토인 영적 인도자는 멘티의 영성을 개발하고 촉진시키고자 하는 목표를 가지고 멘토링을 한다. 영적 인도자는 경건하고 성숙한 영성을 지닌 자로 이에 대한 지식, 기술, 기본 철학을 멘티에게 나누어 멘티가 스스로 자신의 영성을 개발하고 성장할 수 있도록 돕는다.

하나님과의 인격적인 관계에서 멘티의 영성이 개발되는 것이 목표이므로 멘토는 명령식이 아닌 제시, 설명, 동기부여 등의 방식을 사용한다. 영적 인도자는 멘토링의 관계를 하나님에 대한 인지적인 학습에서 시작하여 체험적이고 의지적인 면으로 나아가도록 이끌어 준다. 이를 통해 멘티는 하나님과의 인격적인 만남과 삶의 변화를 경험하며 하나님과 더욱 친밀한 관계를 갖게 된다.

(3) 코칭(Coaching)

코칭은 일종의 관계적 과정으로 어떤 일을 처리하는 방법을 잘 아는 멘토가 그 기술을 배우고 싶어 하는 멘티에게 전수해 주는 것이다. 신앙생활에서의 실제적인 도움을 주는 여러 기술을 가르치거나 전수해 준다. 예를 들어 전도 훈련이나 기도 훈련, 상담 기법 같은 내용들이다.

코치의 책임과 역할은 '관찰하며 문제를 파악하고 훌륭한 시범을 보임으로써 멘티의 개선된 행동을 점검하는 것'이다. 코칭의 과정은 담당 코치의 역량을 기초로 시작된다. 멘티의 현재 모습을 관찰하는 것이 코칭의 시작이며, 그 과정을 생략하거나 간과해서는 제대로 된 코칭을 할 수 없다.

(4) 상담자(Counselor)

적절한 시기에 자신, 타인, 환경, 사역에 대해 바른 관점을 가지도록 도와주는 경우를 말한다. 상담자 멘토는 '비공식적 상담자'와 '공식적 상담자'의 2가지 형태 있다.

먼저, 비공식적 상담자는 은사를 기반으로 활동하며, 멘티에게 상담이 필요한 때에 간단한 조언 또는 시기적절한 조언을 해 주는 필요 중심의 비공식적 관계에서 일어난다. 상담자 멘토의 조언은 멘티의 의사 결정 과정에 큰 영향을 끼친다. 비공식적 상담자 멘토는 멘티의 중요한 시기 또는 지속적인 만남을 통해 자유로운 조언을 제공해 주는 사람에게 붙여진 명칭이다. 멘티에게 평생에 여러 번 필요한 멘토링 형태로 멘토의 은사, 비공식 훈련, 경험이 중요한 역량이다. 성경 속 인물의 예로는 상황적 상담자인 이드로가 모세가 직면한 리더십 문제에 대한 안목을 제공하며 바람직한 의사 결정에 도움을 주었다. 이 멘토링 과정에 상담자의 격려, 경청, 안목, 구체적 조언의 능력 부여가 일어났다.

또 다른 상담자 멘토는 공식적 상담자로 현대 사회에 지친 많은 사람에게 공식적이고 전문적인 상담을 해 줄 수 있는 정식 교육에 의한 상담자를 말한다. 공식적 상담 관계 속에서 이루어지는 멘토링으로 전문적인 훈련을 받은 상담자가 멘티의 심리적, 영적 건강을 방해하는 근본적인 내적 문제들을 해결하기 위해 멘토의 능력을 부여하며 돕는 과정이다. 공식적 상담과 일반적 멘토링의 가장 큰 차이는 재정적인 문제, 다시 말해 멘티들이 비용을 지불해야 이루어지는 관계라는 것이다. 공식적 상담이 필요한 경우 멘티는 멘토의 전문성, 상담 시간 등에 비례하는 비용을 지불하고 그 관계를 지속할 수 있다.

(5) 교사(Teacher)

교사는 특별한 종류의 멘토이다. 어떤 주제에 대한 지식과 그 지식을 체계화하는 능력을 지닌 사람으로 멘티에게 그 능력을 활용하여 삶에 영향을 주기를 원한다. 이를 통해 멘티는 동기를 부여받아 성품이나 사역에 영향을 받는다. 신약의 바울이 브리스길라와 아굴라에게 행한 사역이 교사 멘토링의 유형이다. 어떤 특정한 주제에 관해 이해하도록 가르쳐 주는 경우도 해당이 된다.

(6) 후원자(Sponsor)

후원이란 어떤 조직 내에서 신뢰성, 지위적 권위, 혹은 영적 권위를 지닌 멘토가 그러한 자원이 없는 멘티와 관계를 형성하여 멘티의 성장과 계발을 도와주는 관계적 과정이다. 후원자는 위에 있는 리더들이 밑에 잠재력 있는 리더들을 격려하고, 보호하고, 능력을 부여하며, 자원에 연결시켜 주거나 그 조직 안에서 그들을 계발하고 유지하기 위해 멘토링 관계로 개입하는 것을 말한다. 조직 내에서 후원자는 전략적 위치에 있으며 조직에 유익을 주는 사람들이다.

일반적으로 후원자 형태의 멘토링은 비공식적으로 일어나는 경우가 많으나 공식화하는 것이 바람직하다. 후원자는 조직 안에서 영향력이 있는 사람으로, 잠재적인 리더를 발견하고 그들이 성장할 수 있도록 도와주고 멘티에게 조직의 유익이 되도록 한다. 후원자 멘토링에서는 멘토링의 역동성 중 매력, 반응, 관계, 능력 부여가 일어난다. 책무의 경우 기능에 따라 발생 여부가 결정된다. 이러한 역동성들이 일어나는 멘토링이지만 정기적인 멘토링과는 다르다.

예를 들어, 후원자 멘토링의 매력은 멘토가 잠재력 있는 젊은 리더인 멘티에게 끌린다. 멘토와 멘티 사이에 권력 간의 거리가 존재하여 멘토링이라는 관계가 이루어진다. 능력 부여는 결과적으로 멘티가 영향력을 확장하고 성장하여 멘토의 권위를 얻도록 한다. 이러한 역동성이 효과적으로 발휘되기 위해 멘토는 지위적 권력, 훌륭한 신뢰성, 영향력의 네트워크, 크리스천 조직 내의 영적 권위를 지닌 자여야 한다.

⑺ 동시대 멘토(Contemporary Mentor)

현재 살아 있는 인물이 멘티의 롤 모델이 되어 차세대 리더들에게 능력을 부여해 줄 수 있는 사람이자, 영감을 주고, 도전을 주며 멘티의 실제 삶에 필요한 다양한 리더십을 보여 준다. 또한, 삶과 사역의 모델로 다른 사람들에게 삶의 교훈과 가치를 간접적으로 전해 주며 능력을 부여해 주는 사람을 칭하는 전문적인 용어이다.

성경에서도 이러한 유형을 많이 발견할 수 있다. 사도 바울은 디모데, 디도, 오네시모, 빌레몬 그리고 많은 사람의 동시대 모델이었다. 멘티는 자신이 원하는 분야에 대해 본이 되는 사람을 찾아 그의 능력 부여를 받을 수 있도록 노력해야 한다. 직접적인 멘토가 없거나 그런 멘토를 만나 멘토링이 이루어지기 어려워도 동시대 모델을 통해 우리는 수동적 멘토링을 받을 수 있다. 동시대 모델은 멘티가 자신이 원하는 멘토를 본받고자 하는 열망이 있어야 한다. 그들은 멘티에게 본을 보여 줌으로써 동기부여를 한다. 이러한 멘토에 대해 멘티가 의지적으로 관심을 두고 본받고 배우고 이해하기 위한 노력을 하며 간접적인 멘토링 관계를 이룰 수 있다.

⑻ 역사적 멘토(Historical Mentor)

이미 세상을 떠난 사람 가운데 모델이 되는 기능이며, 역사적 인물 가운데 내게 영향을 준 사람이라면 역사적 멘토가 된다. 역사적 모델은 동시대 모델과 같은 역할을 하지만 살아 있는 본이 되기보다는 책에 기록된 내용을 통해 이뤄진다. 그들의 삶이나 사역이 쓰인 전기 또는 자서전의 형태로 다른 사람들에게 능력을 부여한다. 이러한 삶의 교훈과 가치와 기술은 계속해서 시간을 뛰어넘어 멘토로서의 모델로 다른 사람들에게 영향을 준다.

역사적 모델의 경우 일화, 직설적 일화, 비평적 일화, 연대순, 일생의 주제 등 형태의 전기로 그려진다. 작가의 해석과 목적, 결과에 따라 같은 인물이라도 그 인물에 대한 내용에 차이가 날 수 있기 때문에 한 인물에 대해 두 가지 이상의 전기물 형태를 접하여 멘토에 대해 파악한다. 내가 원하는 멘토가 맞는 경우 분석 적용을 위한 숙독을 하며 스스로 역사적 인물에 대해 배우고 자신의 삶에 적용하려는 노력이 필요하다.

3) 멘토링의 다양한 분류

(1) 목적에 따른 분류

- **경력 멘토링**: 멘티의 경력 개발을 돕는 데 초점을 맞춘 멘토링이다. 멘토는 멘티에게 경력 조언, 네트워킹 기회 제공, 면접 준비, 성장 지원 등을 제공한다.
- **전문 멘토링**: 멘티의 전문성 향상을 돕는 데 초점을 맞춘 멘토링이다. 멘토는 멘티에게 업계 지

식 전달, 기술 습득 지원, 전문 개발 기회 제공 등을 제공한다.
- 개인 멘토링: 멘티의 개인적 성장과 발전을 돕는 데 초점을 맞춘 멘토링이다. 멘토는 멘티에게 목표 설정, 문제 해결, 의사 결정 지원 등을 제공한다.
- 신앙 멘토링: 멘티의 신앙적 삶을 돕고 영적 성숙을 이끌어 주는 데 초점을 맞춘 멘토링이다. 멘토는 멘티에게 신앙 문제, 교회 공동체의 섬김, 봉사, 헌신을 통한 신앙 성장 등을 지원한다.

(2) **참여자에 따른 분류**
- 개인 멘토링: 한 명의 멘토가 한 명의 멘티를 돕는 멘토링이다. 가장 일반적인 멘토링 유형이며, 멘토와 멘티 간의 깊은 관계 형성이 가능하다.
- 그룹 멘토링: 한 명의 멘토가 여러 명의 멘티를 돕는 멘토링이다. 멘티들이 서로에게 배우고 경

험을 공유할 수 있는 기회를 제공한다.
- 피어(Peer) 멘토링: 비슷한 경험이나 배경을 가진 두 명의 개인이 서로 멘토 역할을 하는 멘토링이다. 동료 간의 지원과 격려를 제공한다.

(3) 방식에 따른 분류

- **면대면 멘토링**: 멘토와 멘티가 직접 만나 멘토링을 진행하는 방식이다. 가장 전통적인 멘토링 방식이며, 멘토와 멘티 간의 신뢰 형성에 효과적이다.
- **온라인 멘토링**: 온라인 플랫폼이나 영상 통화를 통해 멘토링을 진행하는 방식이다. 시간과 장소에 제약 없이 멘토링을 진행할 수 있는 장점이 있다.
- **혼합형 멘토링**: 면대면 멘토링과 온라인 멘토링을 조합하여 진행하는 방식이다. 두 방식의 장점을 모두 활용할 수 있다.

(4) **주제별 분류**

- 진로 멘토링: 멘티가 꿈과 목표 등을 갖게 하고 실현할 수 있도록 진로 계획을 이끌어 주는 멘토링이다. 주로 학교나 청소년 단체, 학원 등에서 진로 상담을 겸하여 실행하고 있다.
- 교육 멘토링: 멘티의 역량 개발·학습 지원 등 교육적 목적의 멘토링이다.
- 정서 인성 멘토링: 멘토와 멘티의 유대 관계를 통해 멘티의 정서를 지지하고 바른 성장을 돕는 멘토링으로, 특히 현대인들에게 필요한 멘토링이다.
- 자립 멘토링: 신체적·정서적·경제적 이유 등으로 어려움을 겪고 있는 멘티의 자립을 돕는 멘토링이다.
- 문화 예술 스포츠 멘토링: 멘토의 문화·예술·스포츠 관련 훈련이나 교육을 통한 전통 잇기 기술 전수 등 도제식 멘토링이 많이 실행되며, 재능 나눔 활동을 통해 다양한 문화 체험의 기회

를 제공하기도 한다.

(5) 대상별 분류

- **다문화 이주민 멘토링**: 이주민 또는 다문화 가정, 북한이탈주민, 난민 등에게 사회적 적응을 돕는 멘토링이다.
- **유학생 멘토링**: 해외 유학생이 겪는 환경, 학업, 문화 적응, 심리적 어려움 등을 극복하고 성공적인 유학 생활을 할 수 있도록 지원하는 멘토링이다.
- **새신자 멘토링**: 교회가 새로운 구성원을 환영하고, 신앙의 기초를 다지며, 공동체에 잘 정착할 수 있도록 돕는 가장 중요한 양육 시스템 중 하나이다. '새가족 멘토링', '일대일 양육', '바나바 사역' 등의 이름으로 불린다.
- **환자 치유 멘토링**: 난치성 질환자와 그 가족들이 위기를 극복하고 건강한 삶을 영위할 수 있도록 돕는 멘토링이다.

- 장애인 활동 멘토링: 장애인에게 정신적, 신체적으로 자유롭게 활동할 수 있도록 돕는 멘토링이다.
- 사회적 돌봄 멘토링: 경제적 소외계층으로서 사회 적응에 어려움을 겪고 있는 멘티의 건강한 성장 및 발전을 돕는 멘토링이다.

4) 멘토가 알아야 할 20가지 행동수칙

- 한 번에 한 사람의 파트너와만 만나라.
- 개인적인 내용은 비밀을 유지하라.
- 자라게 하시는 분은 하나님이시고 나는 돕는 역할 뿐임을 알라.
- 멘토 자신이 계속 훈련을 받으며 자라 가라.
- 말보다는 삶으로 본을 보여라.
- 상대방에 대한 진지한 사랑과 관심을 가져라.
- 먼저 잘 들어 주고 자세히 관찰하라.

- 시간과 약속을 잘 지켜라.
- 언어 사용에 주의하고 예의를 지켜라.
- 물질과 시간을 투자하고 멘토링 양육에 최우선 순위를 두라.
- 멘토의 모든 활동은 소속된 그룹의 지도자에게 감독을 받으라.
- 함께 목표를 설정하라.
- 어떤 내용을 가지고 교제할 것인지에 대해 정하라.
- 정기적인 만남을 가져라.
- 시간을 정하고 시작하라.
- 문제 해결에 있어 말씀의 권위를 인정하고 말씀을 사용하라.
- 외적인 요소로만 사람을 판단하지 마라.
- 적극적이고 긍정적인 자세를 가져라.
- 2, 3개월에 한 번씩 두 사람의 관계를 평가하라.
- 멘토링 양육은 가능하면 동성끼리 하라.

3

예수님은 최고의 멘토링 모델

 예수님은 단순한 가르침을 넘어 삶 전체로 제자를 세우셨고 이 방식은 오늘날 교회, 리더십, 가정, 교육 등 다양한 영역에서 깊은 통찰을 준다. 예수님께서는 공생애의 대부분을 제자들과 함께 보내셨다. 그분의 가장 위대한 사역 중 하나는 병 고침이나 기적이 아니라, 사람을 세우는 사역, 즉 제자를 세우는 일이었다. 예수님은 말로만 가르치지 않으시고, 삶 전체를 통해 제자들을 훈련하시며, 본이 되는 멘토링을 실천하셨다. 오늘날 우리는 예수님의 멘토링에서, 진정한 제자훈련과 영적 리더십의 본을 배울 수 있다.

1) 예수님은 어떻게 제자들을 세우셨는가

(1) 기도로 선택하셨다(눅 6:12-13)

"예수께서 기도하시러 산으로 가사 밤이 새도록 하나님께 기도하시고 밝으매 그 제자들을 부르사." 하나님의 뜻을 알기 위해 밤이 새도록 기도하셨다. 제자 선택은 사람의 기준이 아닌 하나님의 뜻에 따른 선택이었다. 예수님은 밤새 기도하신 후 제자들을 부르셨다. 멘토링은 깊은 영성과 기도로부터 시작되어야 한다.

(2) 예수님은 삶의 현장에 찾아와 만나시고 부르셨다(마 4:18-22)

예수님께서 공생애 사역을 시작하실 때 먼저 하신 일이 바로 제자들을 부르시는 일이었다. 예수님이 갈릴리 호수에 다니시다가 베드로라 하는 시몬과 그 형제 안드레가 그물을 바다에 던지는 것을 보시고 그들의 삶 가운데 최선을 다해 맡겨 주신 일들에 대해 성실히 살아가는 두 형제를 부르신 것이다. 세베대의 아들 야고보와 그의 형제 요한도 마찬가지였다. 어부였던 제자들을 향해 "나를 따르라, 내가 너희를 사람 낚는 어부가 되게 하리라"고 말씀하셨다. 제자들을 거룩한 장소가 아닌 그들의 일상 삶의 현장 속에서 만나셨다. 멘토링의 시작은 관계에서 시작된다. 예수님이 먼저 찾아오시고, 함께 걸어가기로 하셨다는 것이다.

(3) 예수님은 삶으로 본을 보이시고 가르치셨다(요 13:1-17, 막 3:14)

요한복음 13장 1절~17절은 예수님이 십자가를 앞두시고 제자들과 마지막 만찬을 나누며, 제자들의 발을 씻기는 겸손한 행위와 서로 사랑하라는 새 계명을 주신 장면을 담고 있다. 예수님은 제자들의 발을 씻기심으로써, 섬김의 리더십을 직접 보여 주셨다. 제자들은 말씀을 듣는 것보다, 예수님의 행동을 보며 더 깊이 배웠다. 진정한 멘토는 말이 아니라 삶으로 가르치는 사람이다. 마가복음 3장 14절에서 "이에 열둘을 세우셨으니 이는 자기와 함께 있게 하시고"와 같은 단지 말씀만 전한 것이 아니라, 함께 먹고, 자고, 걷고, 사역하셨다. 삶의 현장에서 몸소 보여 주는 훈련(삶의 모델링)을 통해 제자를 세우셨다.

(4) 예수님은 소수 정예를 집중적으로 훈련하셨다(막 3:13)

"산에 오르사 자기가 원하는 자들을 부르시니 그들이 나아 왔다." 예수님은 12명의 제자를 세우사 함께 있게 하시고, 그중 3명(베드로, 야고보, 요한)에게 더 깊이 투자하셨다. 이는 예수님의 제자 선택과 사역의 시작을 상징적으로 보여 준다. 양보다 질을 중요시하셨고, 깊은 관계와 반복 훈련을 통해 그들을 변화시키셨다.

(5) 예수님은 실패한 제자를 회복시키셨다(요 21:15-17, 마 8:26)

베드로는 예수님을 세 번이나 부인했지만, 예수님

은 그를 다시 찾아오셔서 세 번 "네가 나를 사랑하느냐?" 물으셨다. 베드로가 근심하여 이르되, 주님 모든 것을 아시오매 내가 주님을 사랑하는 줄을 주님께서 아시나이다. 그에게 다시 양들을 맡기며 "내 양을 먹이라." 사명을 회복시키셨다. 진정한 멘토는 실패한 제자를 포기하지 않고 회복의 기회를 준다. "어찌하여 무서워하느냐? 믿음이 작은 자들아."(마 8:26) 제자들이 실패하거나 오해했을 때, 정죄하지 않고 교훈으로 삼게 하셨고, 사랑으로 훈련하셨으며 포기하지 않으셨다.

⑹ 예수님은 사명을 위임하셨다(마 10:8)

"너희가 거저 받았으니 거저 주라." 복음을 전하고 병자를 고치고 귀신을 내쫓는 실제 사역에 제자들을 파송하셨다. 처음엔 둘씩 보내며, 사역 후 돌아와 보고하게 하셨다. 제자들에게 주신 권능을 "거저 받았으니 거저 주라"는 예수님의 말씀으로, 받은 은혜와 능력을 대가 없이 나누라는 교훈을 담고 있다.

(7) 예수님은 성령 안에 있게 하셨다(행 1:8)

"오직 성령이 너희에게 임하시면 너희가 권능을 받고…" 부활 후 제자들에게 성령을 받아야 감당할 수 있다고 하셨다. 단지 훈련으로 끝나지 않고, 성령의 능력 안에서 사명을 감당하게 하셨다. 성령의 권능을 받은 제자들은 예루살렘, 유대와 사마리아, 그리고 땅끝까지 이르러 예수님의 증인이 되어야 한다고 하셨다. 이는 복음을 전하고, 예수님의 삶과 가르침을 증거하는 사명을 의미한다.

(8) 예수님은 질문을 통해 깨닫게 하셨다(마 16:15, 요 21:15)

"너희는 나를 누구라 하느냐. 시몬 베드로가 대답하여 이르되, 주는 그리스도요 살아 계신 하나님의 아들입니다." 예수님은 베드로의 대답에 또 이렇게 말씀하신다. "시몬아 네가 복이 있도다. 이를 네게 알게 한 이는 혈육이 아니요 하늘에 계신 내 아버지시라." 예수님은 질문을 통해 제자들의 믿음과 중심을 이끌어 내셨다. 질문은 단순한 대화가 아니라, 정체성과 사명을 일깨우는 도구였다. 질문을 통해 멘티와 소통하고 그 마음을 이끌어 내는 것은 멘토링에서 매우 중요하다.

2) 예수님과 제자와의 동행, 멘토링 적용 사례

(1) 함께 있는 시간(막 3:14)

"이에 열둘을 세우셨으니 이는 자기와 함께 있게 하시고 또 보내사 전도도 하며…" 예수님은 제자들을 자기와 함께 있도록 하셨다. 멘토링의 출발점은 함께 있는 시간이다. 깊이 있는 관계는 단순한 교육이 아닌, 동행하는 삶 속에서 이루어진다.

(2) 함께 거하니(요 1:39)

"예수께서 이르시되 와서 보라 하시니, 그러므로 그들이 가서 계신 데를 보고 그날 함께 거하니…" 제자들은 예수님과 함께 하루를 지내며 삶과 신앙을 직접 목격했다. 멘토는 삶을 보여 주는 사람이다. '와서 보라'는 초청처럼, 멘토는 자신의 삶으로 진리를 드러내야 한다.

(3) 함께 하셨고(눅 8:1)

"그 후에 예수께서 각 성과 촌에 두루 다니시며…열두 제자가 함께 하였고…" 예수님은 사역 현장에 제자들을 함께 데리고 다니셨다. 멘토링은 일정한 시간과 장소에서만 하는 것이 아니라, 삶 속에서 훈련되어야 한다. 멘티를 사역에 동참시키고, 실전의 기회를 제공하는 것이 필요하다.

(4) 동행하시다(눅 24:15)

"그들이 서로 이야기하며 문의할 때에 예수께서 가까이 이르러 그들과 동행하시나…" 예수님은 실망하고 혼란에 빠진 제자들에게 가까이 다가가 동행하셨다. 멘토는 멘티가 방황하거나 신앙적으로 혼란스러울 때, 책망보다 함께 걸어 주는 자여야 한다. 공감과 경청, 기다림이 멘토링의 중요한 요소이다.

(5) 본을 보이다(요 13:12-15)

"내가 너희에게 행한 것같이 너희도 행하게 하려 하여 본을 보였노라…" 예수님은 섬김의 본을 보이며, 몸소 실천을 통해 제자들을 가르치셨다. 멘토링은 말보다 행동이 앞서야 하며, 모범을 통해 영향력을 끼치는 관계이다.

(6) 안에 거하다(요 15:4)

"내 안에 거하라 나도 너희 안에 거하리라… 나를 떠나서는 너희가 아무것도 할 수 없음이라." 예수님과의 동행은 영적 연합의 의미도 포함한다. 멘토와 멘티가 함께 예수님 안에 거하는 것, 함께 주님을 바라보는 관계가 되어야 한다. 멘토는 멘티가 예수님과 깊은 관계로 나아가도록 도와야 한다.

(7) 항상 함께 있겠다(마 28:20)

"내가 너희에게 분부한 모든 것을 가르쳐 지키게 하라… 볼지어다 내가 세상 끝날까지 너희와 항상 함께 있으리라 하시니라." 제자들에게 사명을 맡기시면서도 홀로 두지 않으시고 동행을 약속하셨다. 멘토도 멘티에게 사명과 도전을 줄 때, 끝까지 함께 걸어 줄 준비가 되어 있어야 한다.

예수님은 제자들에게 단순히 가르침만 주지 않으셨다. 함께 식사하고, 함께 여행하고, 함께 사역하면서 '삶' 그 자체로 가르치셨다. 멘토링 또한 동행하며 보여 주는 것이다. 오늘날 교회에서, 가정에서, 그리고 공동체 안에서 우리는 이러한 예수님의 멘토링을 회복해야 할 때이다.

Part 2
성경 속 멘토링

모세는 여호수아를 리더로 세우기 위해, 그를 늘 옆에 두셨다.
'함께 있음'이야말로 최고의 멘토링이었다.
여호수아는 모세의 승리를, 또 그의 실패를 모두 지켜보며 성장했다.

1

모세와 여호수아
- 삶을 나누는 과정

모세와 여호수아는 멘토링의 좋은 성경적인 모델이다. 하나님께서는 이스라엘의 차기 지도자를 위해 모세를 멘토로 삼아 여호수아를 오랫동안 준비시키셨다. 모세는 여호수아를 회막, 지성소, 시내산 등으로 데리고 갔고(출24:9-18, 33:7-11), 하나님의 말씀을 직접 가르치고 전했으며(출17:14, 수1:8), 때때로 개인적으로 지도하였다(민11:28-30).

또한 여호수아는 지도자로서의 모세를 자신의 사역의 모델로 삼아 그의 행동 하나하나를 눈여겨보면서 배웠다(출32:15-35). 그 결과 우리는 여호수아가 멘토링을 통해 여러 가지 면에서 모세를 배우고 닮게

된 점들을 발견할 수 있다.

- 하나님께서는 모세에게처럼 여호수아와도 함께 계셨다(수1:5, 3:7, 출14:31).
- 백성들이 모세에게 했던 것처럼 여호수아에게도 복종할 것을 맹세했다(수1:17).
- 둘 다 모두 정탐꾼을 약속의 땅에 보냈다(수2:1, 민13장).
- 둘 다 모두 기적적으로 물들(모세는 홍해, 여호수아는 요단강)을 건넜다(수3:17, 출14:26-31).
- 백성들이 모세를 두려워했듯이 여호수아를 두려워했다(수4:14).
- 모세가 시내산 언약을 기념하여 열두 기둥을 세운 것처럼(출24:4) 여호수아도 열두 돌 기념비를 세웠다(수4:5, 20).
- 모세와 여호수아는 모두 거룩한 땅에서 신을 벗는 경험을 했다(수5:15, 출3:5).
- 모세가 르비딤과의 전투 시 승리할 때까지 손을

들고 있었던 것처럼(출17:11-13) 여호수아도 아이 성과의 전투 시 승리할 때까지 창 든 손을 내리지 않았다(수8:18, 26).
- 둘 다 모두 돌에 율법을 새기었다(수8:32, 출24:12).
- 모세 앞에 아론이 제사장으로 세움을 입었듯이 여호수아 앞에 엘르아살이 제사장으로 세움을 입었다(민27:19-21, 출4:13-17).

이처럼 하나님은 모세와 여호수아가 일상의 사역과 위기의 순간을 함께 경험하게 했다. 여호수아는 모세의 리더십을 눈으로 보고, 삶으로 익혔다.

- 동행하는 가운데 실제 현장 경험을 통한 훈련.
- 하나님 중심으로 사명과 비전을 재정립.
- 권한의 위임 및 투명하고 공식적인 리더십 계승.
- 선임자의 유산을 존중하며 새롭게 전진하는 자세.

모세와 여호수아의 관계 속에서 우리는 '참된 멘토링이란 단순 프로그램이 아니라 삶을 나누는 과정'임을 배울 수 있다.

주님, 저의 삶이 누군가에게 본이 되게 하소서.
말보다 행동으로 하나님의 리더십을 전하게 하시고,
제 곁에 있는 사람을 하나님의 사람으로 키울 수 있게 도와주소서.

2

엘리야와 엘리사
- 계승을 위한 헌신

성경에서 가장 강력하고 긍정적인 멘토링 관계 중의 한 예로 엘리야와 엘리사를 들 수 있다(왕상 19장, 왕하 2장). 엘리사는 북 이스라엘 왕국의 선지자요 엘리야의 후계자였다. 엘리야는 하나님의 명령대로 밭에서 쟁기질을 하고 있던 엘리사를 발견하여 겉옷을 엘리사에게 던짐으로 그를 선지자로 임명하였다.

그 후에 엘리사는 엘리야를 멘토로 삼아 따라다니며 배웠고 그가 하늘로 불려 올라갈 때까지 지속적인 멘토를 받았다. 엘리야가 승천하기 전, 엘리사는 "당신의 영감이 갑절이나 내게 있기를 원하나이다."라고 요청한다(왕하 2:9). 이는 단순한 능력의 요구가 아니라, 사명을 감당할 준비된 마음과 갈망의 표현이다. 멘토링은 멘티가 더 큰 사명을 향해 나아가도록 격려하는 과정이다.

멘토 엘리야는 멘티 엘리사에게 겉옷을 넘겨줌으로 차기 선지자로 권위를 물려주었다(왕하 2:13-14). 이는 영적 권위와 능력이 계승되었음을 상징하며, 멘토링의 열매이다. 더구나 엘리사는 엘리야가 길갈, 베델, 여리고 등으로 향할 때 끝까지 동행하여 멘토의 능력에 갑절이나 얻기를 소원하였고 멘토 능력의 전수까지 이루어 냈다.

엘리사는 이후 엘리야보다 더 많은 기적을 행하며, 이스라엘의 선지자로서 사명을 감당하였다. 멘토링은 멘티가 하나님의 부르심에 응답하고 영적 계승을 통해 자신의 길을 걷도록 준비시키고 떠나보내는 것이다.

- 영적 계승과 제자훈련의 중요성.
- 하나님의 사역은 사람을 통해 계속된다.

- 겸손과 순종의 자세.
- 위기 속에서도 하나님의 뜻을 따르는 용기.

엘리야는 이세벨의 위협 속에서도 하나님의 말씀을 전했고, 엘리사는 아람 군대의 포위 속에서도 백성을 위해 기도하며 하나님의 능력을 보여 준다. 이들은 두려움보다 믿음을 선택한 인물들로, 우리에게 위기 속에서도 하나님을 신뢰하는 삶을 가르쳐 주고 있다.

엘리야와 엘리사의 관계는 단순한 인물 간의 연결을 넘어, 하나님의 사역이 어떻게 다음 세대로 이어지고, 제자훈련과 영적 계승이 공동체 안에서 얼마나 중요한지를 보여 주는 본보기이다. 이 관계를 통해 우리는 배움, 헌신, 순종, 그리고 믿음의 삶을 어떻게 살아가야 할지를 깊이 묵상할 수 있다.

주님, 제 사명을 저 혼자 품지 않고, 다음 세대와 함께 나누게 하소서.

엘리사처럼 헌신하는 사람을 세우는 멘토가 되게 하소서.

3

나오미와 룻
- 삶으로 보여 주는 신앙

룻기에 나오는 나오미와 룻의 관계는 성경에서 가장 감동적인 영적 멘토링의 모델 중 하나이다. 이들의 이야기는 단순한 시어머니와 며느리의 관계를 넘어서, 믿음과 헌신, 동행과 회복의 여정을 보여 준다.

나오미는 룻의 시어머니였지만, 단순한 가족 관계를 넘어서 삶을 함께 나누는 동반자였다. 룻은 나오미를 향해 "어머니의 하나님이 나의 하나님이 되시리니."라고 고백하며 신앙의 길을 함께 걷는 결단을 하게 된다(룻기 1:16). 두 사람 모두 남편을 잃고, 절망적인 상황에 처했지만, 고난 속에서 서로를 붙들며 회복의 길을 찾았다. 멘토링은 종종 어려움 속에서 시작되며, 공감과 동행이 핵심이 된다.

시어머니 나오미는 이방 여인 룻에게 하나님을 믿는 삶과 이스라엘 공동체 안에서 살아가는 지혜를 가르쳤다. 룻은 나오미를 통해 믿음을 배우고, 하나님의 구속 역사에 중요한 인물이 되었다.

말로 설득하기보다, 신실한 삶을 보여 주는 것이 멘토링의 가장 강력한 힘이다. 때로 말보다 행동이 멘티의 삶을 변화시킨다. 멘토링은 혈연을 넘어 영적 가족 안에서 이루어진다. 삶으로 신앙을 보여 줄 때 멘티가 자연스럽게 믿음을 따르게 된다.

- 변함없는 충성과 헌신.
- 고난 속에서도 함께하는 관계.
- 하나님의 섭리를 신뢰하는 믿음.
- 믿음의 선택이 가져오는 축복.

룻은 모압 여인이었지만, 믿음으로 이스라엘 공동체에 들어오고, 결국 다윗 왕의 조상이 된다. 이는 믿음의 선택이 개인뿐 아니라 후대에까지 영향을 미친다는 사실을 보여 준다.

  나오미와 룻의 관계는 가족 간의 사랑, 믿음의 헌신, 고난 속의 동행, 그리고 하나님의 섭리에 대한 신뢰를 통해 우리에게 깊은 삶의 교훈을 준다. 이들의 이야기는 오늘날에도 진정한 관계의 의미와 믿음의 길을 걷는 용기를 일깨워 준다.

  하나님, 저의 신앙이 입술의 고백에 머무르지 않고, 삶의 향기로 증거되게 하소서.
  룻처럼 저를 따라 하나님을 찾게 하소서.

4

요나단과 다윗
- 훌륭한 동료 멘토링

요나단과 다윗의 관계는 성경에서 보기 드문 우정과 영적 동역의 멘토링 모델로, 단순한 친구 사이를 넘어 하나님의 뜻을 함께 이루어 가는 관계로 발전한다. 요나단은 다윗보다 나이가 많고 왕자라는 지위에 있었지만, 다윗을 향한 그의 태도는 멘토의 본질적인 요소들을 잘 보여 준다.

사울 왕의 장자 요나단은 사울 왕의 후계자였다. 그의 다윗에 대한 우정과 사랑은 다윗이 골리앗을 무찌른 후, 두 사람이 처음 만난 날부터 시작되었다. 요나단은 왕위 계승자였지만, 하나님의 뜻이 다윗에게 있음을 알고 자신의 권리를 내려놓고 다윗을 지지

한다(삼상 18:1-4). 그리고 그들의 관계는 사울이 다윗을 차기 왕권을 빼앗을 인물로 지목하고 살해하려 한 후에도 지속되었다(삼상 19:1-7, 20:31). 요나단과 다윗은 서로를 향해 언약을 맺고, 하나님 앞에서 그 관계를 성결하게 유지한다(삼상 20:16-17). 요나단은 다윗의 위기에 위로하고 하나님께 의지하도록 도와주었다(삼상 23:16). 요나단은 다윗을 위해 자신의 생명까지도 아끼지 않는 자기희생적인 사랑을 보여 준다.

이렇듯 요나단과 다윗의 우정은 성경에서 가장 훌륭한 동료 멘토링 관계(Peer Mentoring Relationship)로 꼽힌다. 멘토링은 위기에 위로하고 의지하도록 돕는 것이다. 하나님 안에서 사랑과 우정을 나누는 훈련이 필요하다.

- 참된 우정은 조건 없이 주는 사랑이다.
- 위험 속에서도 친구를 지키는 용기.
- 우정은 이별 속에서도 신실함을 유지한다.
- 하나님의 뜻을 따르는 우정.

요나단은 자신의 왕권보다 하나님의 뜻을 우선시하며, 다윗이 왕이 될 것을 인정한다. 이는 하나님 중심의 관계가 인간관계를 더욱 깊고 순수하게 만든다는 증거이다.

요나단과 다윗의 관계는 자기희생, 신뢰, 충성, 그리고 하나님 중심의 우정이 어떤 모습이어야 하는지를 보여 준다. 오늘날에도 이들의 이야기는 진정한 친구란 어떤 존재인지, 그리고 우리가 어떤 친구가 되어야 하는지를 묵상하게 한다.

주님, 저의 삶이 하나님을 사랑하고 이웃과 동료를 사랑하는 사람이 되게 하소서.

요나단처럼 위기에 처한 자들을 위로하고 도울 수 있도록 인도 하소서.

5

다윗과 솔로몬
- 하나님 중심의 유산

  다윗과 솔로몬의 관계는 성경에서 왕권과 신앙, 사명을 계승하는 멘토링의 상징적인 모델로 볼 수 있다. 이 관계는 단순한 부자(父子) 관계를 넘어서, 하나님의 뜻을 이어받고 실현하는 영적 지도력의 계승이라는 깊은 의미를 담고 있다.

  다윗은 성전을 짓고 싶었지만, 하나님께서 그 일을 솔로몬에게 맡기셨다(대상 28:3-6). 그는 솔로몬에게 성전 건축이라는 거대한 사명을 유산으로 남기며, 준비를 철저히 해 준다. 멘토는 멘티에게 하나님의 뜻에 따른 사명을 분별하고 계승하도록 돕는 역할을 한다.

다윗은 죽음을 앞두고 아들 솔로몬에게 "네 하나님 여호와의 명령을 지켜 그 길로 행하여 그 법률과 계명과 율례와 증거를 모세의 율법에 기록된 대로 지키라. 그리하면 네가 무엇을 하든지 어디로 가든지 형통할지라(왕상 2:3)."라고 명령하였다. 다윗의 마지막 조언은 솔로몬이 지혜롭게 나라를 다스리는 데 중요한 토대가 되었다. 성공이나 부(富)보다 중요한 것은 신앙의 유산이다. 참된 멘토링은 멘티에게 무엇을 이루느냐보다 누구를 경외하느냐를 가르친다. 멘토는 멘티에게 하나님 중심의 삶을 강조해야 한다.

- 믿음과 사명을 계승하는 관계.
- 세대 간의 협력과 지혜의 전수.
- 다른 리더십 스타일 속의 공통된 중심.
- 순종과 불순종의 교차점.

다윗은 실수했지만 회개하며 하나님과의 관계를 회복했고, 솔로몬은 말년에 이방 아내들과 우상 숭

배로 인해 하나님과 멀어졌다. 이는 신앙의 유산을 받았더라도 끝까지 순종하지 않으면 무너질 수 있다는 경고라 볼 수 있다.

다윗은 준비하는 세대, 솔로몬은 실행하는 세대로서, 서로 다른 역할을 통해 하나님의 뜻을 이루었다. 이 관계는 오늘날에도 부모와 자녀, 선배와 후배, 리더와 후계자 간의 건강한 전수와 협력의 모델이다.

주님, 저의 삶이 하나님을 사랑하는 유산이 되게 하소서.

제 삶의 마지막까지 하나님 중심의 가르침을 남기게 하소서.

6

바나바와 바울

1) 멘토 바나바: '권위자'의 리더십(멘토링의 시작과 성숙)

– 인물됨과 배경: '위로의 아들'의 정체성 확립

(1) 이름의 의미와 첫 등장

바나바의 본명은 요셉이었으나, 사도들은 그의 성품을 보고 '바나바'라는 별명을 지어 주었다. 그 뜻은 '권위자(勸慰者)', 즉 '위로의 아들(Man of Encouragement)'이라는 뜻으로, 그의 삶과 사역의 본질을 압축적으로 보여 준다. 성경에 그의 이름이 처음으로 등장하는 사도행전 4장 36-37절에는, 그가 자신의 밭을 팔아 사도들 발 앞에 두는 헌신적인 모습이 기록되어 있다. 이는 당시 초대교회의 유무상통 공동체에 아름다운 미담을 남긴 사건으로, 개인의 소유를 넘어 공동체 전체의 필요를 채우고자 하는 그의 이타적이고 희생적인 인품을 단적으로 드러낸다.

(2) 성품과 리더십의 자질

바나바는 단순히 재산을 헌납한 자가 아니었다. 성경은 그를 "착한 사람이요 성령과 믿음이 충만한 자"로 평가한다. 이러한 내적 성품과 영적 충만함은 그가 위대한 멘토로서의 역할을 감당하는 데 있어 가장 중요한 기반이 되었다. 그의 따뜻하고 관대한 성품은 '권위자'라는 이름에 걸맞게 사람들을 위로하고 격려하는 특별한 은사로 발현되었으며, 이는 바울의 사역을 가능케 한 핵심적인 자산이었다.

2) 멘토링의 첫걸음: 후원과 보증(행 9:26-27)

(1) 모두가 외면할 때의 담대한 후원

다메섹에서 회심한 사울(바울)은 예루살렘으로 돌아와 제자들과 사귀고자 했다. 그러나 그의 과거 행적, 즉 그리스도인들을 핍박했던 모습이 워낙 강렬했기 때문에, 예루살렘의 제자들은 그를 두려워하며 믿지 못했다. 그들은 사울을 배신자나 이중간첩으로 의심하여 그를 멀리했다. 이처럼 사울이 공동체에 받아들여지지 못하는 절체절명의 순간, 유일하게 그를 신뢰하고 '후견인' 역할을 자처한 사람이 바로 바나바였다.

(2) 신뢰의 근거와 중재자의 역할

바나바는 사울을 직접 데리고 사도들에게 나아가, 그가 길에서 주님을 만난 회심의 체험과 다메섹에서 예수의 이름으로 담대히 복음을 전한 사실을 증언했다. 사람들은 소문이나 사울의 말을 믿지 않았지만,

바나바의 말은 믿고 그를 공동체의 일원으로 받아들였다. 바나바의 이 같은 중재는 사울의 사역에 대한 합법성과 신뢰를 확보하고, 그가 위대한 사도가 될 수 있는 첫 기반을 마련했다는 점에서 결정적인 의미를 가진다.

이러한 바나바의 행보는 단순히 개인을 돕는 멘토를 넘어, 불신과 의심으로 가득한 초대교회 공동체와 회심한 사울 사이의 '신뢰의 다리'를 놓는 역할을 했다는 점에서 주목할 만하다. 바나바는 '좋은 관계'를 유지하기 위해 거짓을 포용하는 대신, '바른 관계'를 위해 진리를 증언하는 용기를 보여 주었다. 이처럼 그는 단순히 위로와 격려를 전하는 자를 넘어, 관계의 본질을 회복시키는 '영적 브리지 빌더(Spiritual Bridge-Builder)'의 역할을 충실히 감당했다.

3) 멘토링의 심화: 발굴과 동역(행 11:25-26)

(1) 잊혀진 인재의 발굴

사울은 예루살렘에서의 위협을 피해 고향인 길리기아의 다소로 돌아가 약 10년간 상대적으로 무명의 시간을 보내야 했다. 그의 열정적인 기질과는 달리 사역의 활동이 제한된 이 시기는 그에게 매우 힘든 시간이었을 것으로 추측된다. 이때 안디옥 교회가 부흥하자, 바나바는 그에게 함께 사역할 동역자가 필요하다는 것을 직감하고, 예루살렘 교회에 도움을 요청하는 대신 직접 다소로 사울을 찾아가는 결단을 내린다. 이는 바나바가 사울의 탁월한 잠재적 가치를 누구보다 먼저 알아보았음을 의미하며, 인재를 발굴하고 세우고자 하는 그의 영적 안목을 보여 준다.

(2) 공동 사역을 통한 인재 양성

바나바는 사울을 안디옥으로 데려와 1년 동안 함께 사역하며 큰 무리를 가르쳤다. 이 시기에 비로소 제자들이 세상 사람들로부터 '그리스도인(Christian)'이라는 호칭을 듣게 되었는데, 이는 두 사람의 헌신적인 공동 사역이 맺은 열매였다. 회심 직후 복음 전파에 대한 열정은 있었으나, 공동체에 뿌리내리고 사역의 경험을 쌓을 기회가 부족했던 사울에게, 바나바가 제공한 이 1년간의 집중적인 현장 훈련은 그의 사역적 역량이 만개하는 '영적 인큐베이터(Spiritual Incubator)' 역할을 한 것이다. 이 멘토링 과정을 통해 사울은 비로소 위대한 사도로서의 첫 발걸음을 내딛게 된다.

4) 멘티 바울: '하나님의 택한 그릇'의 성장(멘토링의 열매)

⑴ **멘토의 그늘 아래에서의 성숙(행 13:1-12): 리더십의 자연스러운 이양**

안디옥 교회에서 두 사람은 함께 기도와 금식으로

헌신했고, 성령의 지시를 받아 최초의 해외 선교사로 파송되었다. 1차 선교 여행 초반, 성경은 '바나바와 사울'을 먼저 언급하며, 바나바가 연장자이자 공동 사역의 주도자였음을 시사한다. 하지만 그들이 바나바의 고향인 구브로 섬을 거쳐 사역을 이어 가면서, 성경 기록의 순서는 '바울과 바나바'로 바뀌게 된다. 이는 바나바가 이방인 선교라는 사명에 따라 바울에게 주도권을 자연스럽게 이양했음을 보여 주는 극적인 변화이다. 바나바는 이양 과정에 주도권을 인정하는 것만으로 장차 세워질 교회들이 기존 예루살렘 교회와 안디옥 교회의 연속선상에 있음을 보여 주려 했다.

(2) 리더 메이커: 멘토 바나바의 리더십

바나바는 바울보다 먼저 예수를 믿었고, 사역 경험도 많았으며, 초대교회에서 중요한 인물이었다. 그럼에도 불구하고 그는 자신의 이름이 뒤로 가는 것을 개의치 않고 겸손히 바울을 앞세웠다. 이는 바나바가 자신이 '위대한 리더'가 되기보다, 바울이라는 '위대한 리더'를 만들어 내는 데 기쁨을 느끼는 탁월한 '리더 메이커(Leader Maker)'였음을 보여 준다. 사역의 목적에 따라 주도권이 자연스럽게 이양된 이 과정은, 사역의 본질이 누가 영광을 얻느냐가 아니라 하나님의 뜻을 어떻게 효과적으로 이루느냐에 있음을 보여 준다. 바나바의 겸손과 바울의 성장이 조화를 이룬 이 순간이야말로 가장 이상적인 성경적 멘토링의 완성이라고 볼 수 있다.

(3) 역동적 관계의 완성: 위대한 사도로의 변모

바울은 바나바의 후원과 양육을 발판 삼아 이방인 선교의 거인으로 성장했다. 이들의 동역은 바나바의 온화한 성품과 바울의 탁월한 지식이 조화를 이루어 '전례 없는 놀라운 결과'를 낳았다. 그들은 사람들에게 신으로 숭배받으려 할 때조차 겸손하게 하나님의 영광만을 드러내며 하나님의 능력을 증거했다. 바울은 멘토의 그늘 아래에서 훈련받는 것을 힘들어하지 않고 복음 전파에 대한 열정을 불태우며, 이방인 선교의 길을 활짝 열었다. 이처럼 바나바의 멘토링은 바울이라는 하나님이 '택한 그릇'을 빚어내는 데 결정적인 역할을 했다.

5) 바나바와 바울의 관계가 주는 교훈 및 적용점

(1) '리더 메이커'의 헌신과 겸손

바나바는 자신의 멘티를 자신보다 더 탁월한 리더로 키워 내는 데 기쁨을 느꼈다. 그는 자신의 공을 내세우지 않고 '그림자 같은' 역할을 기꺼이 감당했다. 이처럼 진정한 멘토는 자신이 빛나는 리더가 되기보다, 멘티가 빛을 발하도록 돕는 '리더 메이커'가 되어야 한다.

(2) 열정과 존중

바울은 멘토의 그늘 아래에서 훈련받는 것을 힘들

어하지 않고 복음 전파에 대한 뜨거운 열정을 유지했다. 또한 그는 훗날 멘토에게 받은 은혜를 잊지 않고 관계를 회복하려 노력했다. 이는 멘티가 멘토의 가르침과 후원을 존중하고, 받은 은혜를 다음 세대에게 흘려보내는 순환적 관계의 중요성을 보여 준다.

(3) 교회 공동체를 위한 실천적 적용

오늘날, 새신자를 공동체에 정착시키고 양육하는 방식으로 '바나바 사역'은 그 자체로 훌륭한 모델이다. 그러나 이 사역은 단기적인 프로그램에 그치지 않고, 바나바가 사울을 다소에서 안디옥으로 데려와 1년간 동역했듯이 지속적이고 헌신적인 돌봄으로 이어져야 한다. 또한 이 사역은 한 사람의 정착을 넘어 공동체 전체의 영적 성장을 목표로 해야 한다.

(4) 팀워크와 다양성의 중요성

바나바와 바울의 관계는 서로 다른 성품과 은사를 가진 동역자가 어떻게 조화롭게 팀을 이루어 사역의 시너지를 창출할 수 있는지 보여 준다. 공동체는 다양한 배경과 은사를 가진 구성원들을 수용하고, 그들이 서로 부대끼며 그리스도의 거룩한 형상으로 연단되도록 해야 한다.

(5) 공동체 내 갈등의 지혜로운 해소

바울과 바나바의 관계는 '틀림'이 아닌 '다름'을 인정하고, 갈등이 발생했을 때 사역의 본질을 잃지 않는 자세가 중요함을 가르쳐 준다. 아브라함과 롯의 경우처럼, 갈등이 불가피할 때는 '대의'를 먼저 생각하고 은혜롭게 대처하여 하나님이 더 큰 일을 계획하셨음을 믿는 지혜가 필요하다. 이들의 다툼이 결국 복음 전파의 확장을 가져온 것처럼, 공동체 내의 갈등도 하나님의 주권 아래에서 선한 결과를 낳을 수 있음을 신뢰해야 한다.

7

바울과 복음의 동역자들

주후 1세기의 교회가 그 당시 세계를 변화시킬 수 있었던 것은 결코 사도 바울 혼자의 힘이 아니었다. 사도 바울 뒤에 있었던 수많은 평신도 지도자들의 절대적인 헌신과 봉사가 있었기 때문에, 바울은 당당하게 세계를 향해 나갈 수 있었다. 바울은 전도 여행을 다니면서 수많은 애환을 남겼고 여러 종류의 사람을 만났다.

바울 사도는 디모데, 디도, 에바브로디도, 누가, 마가 등을 멘토로 세워 복음을 전하는 사역자로 훈련시키며 각자의 부르심에 맞게 사역에 투입하도록 지도한 영적 멘토였다. 그는 개인적 돌봄과 기도, 실제 사역의 현장 동행, 서신을 통한 교리 및 삶의 지도, 회복과 재기의 기회 제공을 통해 멘티들을 지역교회의 지도자, 복음의 동역자로 세웠다.

1) 디모데(Timothy)

"내 사랑하는 아들 디모데에게…"(딤전 1:2) 바울은 디모데를 "사랑하는 아들"로 언급하면서 그에 대한 깊은 애정을 표현한다. 이는 두 사람의 관계가 단순한 스승과 제자 사이를 넘어서는 것을 보여 준다. 여기서의 "사랑하는 아들"은 제자훈련의 본질적인 요소를 강조하고 있다. 디모데는 바울에게 있어 신뢰할 수 있는 동역자였던 것이다.

바울을 여러 선교 여행에 동참시키며 현장 중심의 훈련을 했다(행 16장). 디모데는 바울과 함께 복음을 전하고 교회를 섬기며 삶 속에서 동행하며 성장했다.

"또 네가 많은 증인 앞에서 내게 들은 바를 충성된 사람들에게 부탁하라 저희가 또 다른 사람들을 가르칠 수 있으리라."(딤후 2:2) 바울이 디모데를 어떻게 멘토링했고 또한 멘토링의 재생산을 얼마나 중요하게 생각하고 있는지를 잘 보여 주는 내용이다. 바울은 디모데에 대한 멘토링이 단지 디모데 한 사람에서 그치기를 원치 않았다. 멘토링의 고리가 계속 연결될 때 멘토링은 참 가치를 나타내게 되는 것이라고 믿었다.

사도 바울은 디모데에게 "너는 배우고 확신한 일에 거하라"(딤후 3:14)고 권면한다. 디모데는 어릴 적부터 어머니 유니게와 외할머니 로이스로부터 경건한 교육을 받았다. 그는 이미 복음의 진리를 알고 있었기에, 그 진리 안에 계속 '끝까지 그 상태를 유지하며 머무르라'는 의미이다. 바울은 디모데에게 복음의 바른 진리를 굳게 믿고, 신앙을 지킬 것을 권면한다.

오늘날 교회와 공동체도 다음 세대를 세우는 멘토링에 집중해야 한다. 멘토링은 단순히 한 사람을 돕는 것이 아니라, 그를 통해 또 다른 세대를 일으키는 영적 전략이다.

이 시대의 크리스천 멘토링은 바울과 디모데처럼 '깊은 관계, 사명 중심, 삶의 동행, 세대 계승'이라는 네 가지 축을 중심으로 이루어질 때, 진정한 변화와 부흥을 이끌 수 있다. 당신도 누군가의 바울이 될 수 있고, 또 누군가의 디모데가 될 수 있다.

2) 디도(Titus)

"나의 참 아들 디도에게…"(디도 1:4) 이는 '내 아들 디도야, 너는 나의 모습을 본받고, 나와 같은 사람이 되어야 한다. 그리고 한 발 더 나아가서 나와 같은 사람들을 세우는 일을 감당해야 한다'는 의미를 함의하고 있다. 다시 말하면 사도 바울이 가지고 있는 믿음과 신앙을 디도가 본받고 계승하며, 디도 역시 그가 배우고, 본받고, 계승한 바울의 믿음과 신앙을 다른 이에게 동일하게 가르치고 계승시켜야 한다는 것이다.

멘토링은 신뢰로부터 시작된다. 디도는 바울의 요청에 따라 고린도 교회, 크레타섬, 달마디아 등 다양한 지역에서 사역을 감당했는데 이는 사역을 위임받을 만큼 신뢰받고 있었다는 것이다. 또한 바울은 디도를 크레타섬에 남겨 두며 교회 조직과 지도자 선발이라는 중대한 사명을 맡겼다(딛 1:5). 바울은 디도에게 복음 사역을 위임하면서도, 현장에서 직접 경험하고 훈련받게 하며 독립적으로 판단하고 행동할 수 있는 권한을 주었다.

바울과 디도의 관계는 오늘날 교회와 공동체에서 '신뢰, 현장 훈련, 위임, 복음 확장'이라는 멘토링의 핵심 원리를 실천하는 데 강력한 모델이 된다. 당신도 누군가의 디도가 되어 사명을 감당할 수 있고, 누군가의 바울이 되어 다음 세대를 세울 수 있다.

3) 에바브로디도(Epaphroditus)

"나의 형제요 함께 수고하고 함께 군사 된 자…"(빌 2:25) 에바브로디도라는 이름은 '사랑스럽다, 아름답다'는 뜻이다. 바울이 다메섹에서 직접 받는 예수님의 마음을 바울로부터 훈련받은 디모데가 이어받았고, 바울과 디모데가 개척한 빌립보교회에서 훈련받은 에바르로디도 또한 그 마음을 닮은 신실한 일꾼이었기에 바울은 나의 형제, 함께 수고한 자, 함께 군사 된 자, 너의 사자, 돕는 자라고 말한 것이다.

바울은 에바브로디도를 단순한 제자가 아닌 함께 수고한 자로 표현하며, 복음 사역의 동역자로 인정했다. 오늘날 멘토링도 위계적 관계가 아니라, 함께 사명을 감당하는 동역자적 관계로 발전해야 한다. 멘토는 멘티를 사역의 파트너로 존중하고, 멘티는 멘토의 비전을 함께 품고 실천한다.

에바브로디도는 바울을 돕기 위해 먼 길을 오고, 병들어 죽을 뻔했지만 자신보다 공동체의 염려를 더

걱정했다. 이는 멘토링이 자기 유익보다 공동체와 사명을 우선시하는 섬김의 자세에서 시작됨을 보여 준다. 현대 크리스천 멘토링도 편안함보다 헌신, 성과보다 사랑을 우선시해야 한다.

에바브로디도는 빌립보교회가 바울에게 보낸 대표자로서, 공동체의 신뢰를 받은 인물이었다. 바울은 그를 다시 공동체에 돌려보내며, 기쁨으로 영접하고 귀히 여기라고 권면한다(빌 2:29). 오늘날에도 멘토링은 공동체 안에서 신뢰받는 관계로 자리 잡아야 하며, 멘티가 공동체를 섬길 수 있도록 위임해야 한다.

에바브로디도는 바울이 감옥에 있을 때 곁을 지키며, 위기 속에서 더욱 빛나는 헌신을 보여 주었다. 멘토링은 평탄한 시기보다 어려움 속에서 진정한 관계와 사명이 드러나는 과정이다. 멘토는 멘티가 고난 속에서도 흔들리지 않도록 함께 기도하고 격려해야 한다.

바울과 에바브로디도의 관계는 오늘날 크리스천 멘토링이 '사명 중심의 동역, 섬김의 자세, 공동체적 신뢰, 위기 속의 헌신'이라는 네 가지 축을 중심으로 이루어질 때 더욱 강력한 영향력을 발휘할 수 있음을 보여 준다.

4) 누가(Luke)

바울이 가장 힘든 시기를 보내고 있던 때에, 모두 바울을 떠나가 버렸다. 하지만 누가만은 사도 바울 곁에서 그를 보살피며 돕고 있었음을 발견하게 된다. "누가만 나와 함께 있느니라…"(딤후 4:11) 헬라인 의사로서, 바울을 떠나서도 얼마든지 독립할 수 있고 환영받을 수 있는 조건을 갖추었음에도 불구하고, 누가는 끝까지 바울과 함께 동고동락하며 동역한 신실한 인물이었으며, 자신이 가진 의사로서의 재능으로 주의 사역에 봉사함으로써 많은 사람에게 사랑을 받은 인물이었음을 알 수 있다.

누가는 의사로서의 전문성을 바울의 사역에 헌신

적으로 사용했다(골 4:14). 오늘날에도 멘토링은 신앙과 직업적 전문성이 조화를 이루는 모델이 되어야 한다. 멘토는 멘티의 재능과 직업을 하나님의 사명 안에서 해석하고 활용할 수 있도록 도와야 한다.

누가는 바울의 사역에 꾸준히 동행했지만, 자신을 드러내기보다 기록과 섬김에 집중했다. 현대 멘토링에서도 멘티는 빛나는 역할보다 충실한 동역자로서의 자세가 필요하다. 멘토는 멘티에게 섬김의 리더십을 가르치고, 멘티는 묵묵히 공동체를 세우는 일에 헌신하는 것이다.

누가는 바울과 함께한 여정을 바탕으로 『누가복음』과 『사도행전』을 저술하여 교회 역사에 큰 기여를 했다. 이는 멘토링이 단순한 관계를 넘어, 신앙의 유산을 기록하고 다음 세대에 전하는 사역이 될 수 있음을 보여 준다.

누가는 바울의 마지막 여정까지 함께하며, 복음 전파라는 공동 사명을 끝까지 감당했다(딤후 4:11). 멘토링은 단순한 개인 성장이 아니라, 공동의 사명을 향한 협력이어야 하며 멘토와 멘티는 함께 하나님 나라를 확장하는 비전을 품고 걸어가야 한다.

바울과 누가의 관계는 오늘날 크리스천 멘토링이 '전문성과 신앙의 통합, 조용한 섬김, 기록의 사명, 공동체적 협력'이라는 네 가지 축을 중심으로 이루어질 때 더욱 깊고 지속적인 영향력을 발휘할 수 있음을 보여 준다.

5) 마가(John Mark)

"마가를 데리고 오라 그가 나의 일에 유익하니라."(딤후 4:11) 바울이 디모데에게 보낸 편지에서 그는 자신에게 누가만 남아 있으며, 마가를 데리고 오라고 요청한다. 이는 바울이 그의 사역에 있어 마가의 도움이 필요함을 나타내며, 이전의 갈등(행 15장)을 넘어 화해와 협력을 추구하는 모습이다. 로마에서 사역을 이어 가고 있던 바울은 동료들의 지원이

절실히 필요했던 것이다. 이 말씀은 교회 공동체 내에서 서로 돕고 협력하는 것이 얼마나 중요한지를 보여 준다.

바울과 마가는 처음에는 갈등으로 인해 결별했지만, 훗날 바울은 마가를 "나의 일에 유익한 자"라고 부르며 다시 동역자로 받아들인다(딤후 4:11). 이 관계의 상세한 서사와 그 서사에 대한 성찰을 알아보면 다음과 같다.

마가는 1차 선교 여행 중 중도에 이탈하여 바울에게 실망을 안겼고, 이후 바나바와 바울 사이의 갈등 원인이 되었다(행 15:38-39). 그러나 바울은 훗날 마가를 다시 받아들이며, "그가 나의 일에 유익하니라"고 고백한다(딤후 4:11). 이처럼 오늘날 멘토링에서도 초기의 실패나 갈등은 그 자체로 끝이 아니라, 회복과 재신뢰의 기회가 될 수 있다.

바나바는 마가를 포기하지 않고 다시 데리고 사역을 이어 갔고, 마가는 결국 바울에게도 다시 인정받는 인물이 된다. 이는 멘토가 멘티의 실패를 정죄하

Part 3

멘토링 리더십

멘토는 답을 주는 사람이 아니다.
답을 찾아가도록 기다려 주는 사람이다.
조언보다 더 중요한 것은 '듣는 마음'이다.

1
크리스천 멘토링 리더십

크리스천 리더십에서 멘토링은 단순히 지식이나 기술을 전달하는 것을 넘어, 영적인 성장과 성숙을 촉진하고 하나님 나라의 일꾼으로 세워 나가는 핵심적인 과정이다. 예수 그리스도께서 제자들을 양육하시고 훈련시키셨던 모습 자체가 가장 훌륭한 멘토링 리더십의 본보기라고 할 수 있다.

1) 멘토링 리더십의 핵심 가치와 특징

- 멘토와 멘티 간의 신뢰, 사랑, 존중을 바탕으로

깊고 의미 있는 관계를 형성하는 것이 중요하다. 이는 단순히 정보를 주고받는 피상적인 관계가 아닌, 서로를 이해하고 지지하며 함께 성장하는 동역자 관계이다.
- 멘토링의 주된 목표는 멘티의 영적인 성장과 그리스도를 닮아 가는 성품 함양에 있다. 성경적 가치관, 신앙적 실천, 기도 생활, 하나님과의 친밀함 등이 멘토링의 주요 내용이다.
- 영적인 측면뿐만 아니라 인격, 재능, 은사, 리더십 역량 등 멘티의 전인적인 성장을 지원한다. 멘토는 멘티의 잠재력을 발견하고 개발하도록 격려하며, 삶의 다양한 영역에서 균형 잡힌 성장을 이루도록 돕는다.
- 멘토는 자신의 경험과 지혜를 바탕으로 멘티를 섬기며, 예수 그리스도의 섬김의 본을 따른다. 권위적인 가르침보다는 겸손한 자세로 멘티의 필요를 채우고 성장을 돕는 역할을 하는 섬김의 리더십이 필요하다.

- 멘토링은 다음 세대의 리더를 발굴하고 양성하는 중요한 통로이다. 경험 있는 리더가 젊은 세대를 멘토링함으로써, 하나님 나라의 사역이 지속적으로 이어지도록 돕는다.
- 모든 멘토링 리더십 과정은 하나님을 중심에 두고 이루어져야 한다. 멘토는 멘티가 하나님과의 관계를 깊이 맺도록 인도하며, 하나님의 뜻을 분별하고 순종하도록 격려한다.

2) 멘토링 리더십의 주요 역할

- **본이 되는 삶**: 멘토는 자신의 삶을 통해 그리스도의 사랑과 섬김을 보여 주는 살아 있는 본이 되어야 한다.
- **경청과 공감**: 멘티의 이야기와 고민을 주의 깊게 경청하고 공감하며, 그들의 감정을 이해하고 지지한다.

- **격려와 지지**: 멘티의 강점을 발견하고 칭찬하며, 어려움에 처했을 때 격려와 지지를 아끼지 않는다.
- **도전과 성장**: 멘티가 안주하지 않고 새로운 도전을 통해 성장하도록 이끌어 준다. 때로는 불편한 진실을 이야기하며 성숙을 촉구하기도 한다.
- **지혜와 경험 공유**: 자신의 경험과 지혜를 나누어 멘티가 시행착오를 줄이고 효과적으로 문제를 해결하도록 돕는다.
- **비전 제시**: 멘티가 하나님 안에서 자신의 비전을 발견하고 꿈을 펼치도록 영감을 불어넣어 준다.
- **책임감 부여**: 멘티가 자신의 행동에 대한 책임을 지도록 돕고, 스스로 성장할 수 있도록 자율성을 부여한다.
- **기도와 영적 지원**: 멘티를 위해 기도하고, 영적인 필요를 채우도록 돕는다. 함께 성경을 읽고 묵상하며 영적인 교제를 나눈다.

3) 멘토링 리더십의 실제

기독교 멘토링은 교회, 선교단체, 기독교 공동체 등 다양한 상황에서 이루어질 수 있다.

- 교회 내 멘토링: 담임 목사가 교역자나 평신도 리더를 멘토링하거나, 경험 많은 장로/권사가 젊은 성도를 멘토링하는 형태가 있다.
- 선교 현장 멘토링: 파송된 선교사가 현지 사역자나 새로운 선교사를 멘토링하여 사역의 노하우를 전수하고 영적 성장을 돕는다.
- 기독교 기관/단체 멘토링: 기관의 리더가 직원이나 자원봉사자를 멘토링하여 조직의 비전을 공유하고 개인의 역량을 강화한다.
- 개인적인 멘토링: 신앙적으로 존경하는 선배나 영적 지도자를 통해 개인적인 성장과 신앙적인 조언을 얻는 형태이다.

결론적으로, 크리스천 멘토링 리더십은 예수 그리스도의 사랑과 섬김을 본받아 관계를 맺고, 영적인 성장을 격려하며, 전인적인 발전을 지원하는 중요한 리더십 모델이다. 이를 통해 개인과 공동체가 함께 성장하고 하나님 나라를 확장해 나가는 귀한 열매를 맺을 수 있다.

2

사역의 열쇠 멘토(Mentor)

'제자는 태어나는 것이 아니라 만들어지는 것이다'는 말처럼 좋은 멘토 또한 태어나는 것이 아니라 만들어지는 것이다. 그렇기에 멘토링 사역의 성공과 실패는 멘토를 어떻게 세워서 키워 내느냐에 달려 있다고 해도 과언이 아니다.

멘토는 멘토링을 주도하는 사람이다. 누구나 멘토가 될 수 있지만 누구나 좋은 멘토가 될 수 있는 것은 아니다. 좋은 멘토는 멘티를 위하여 자신의 것을 나누어 줄 뿐만 아니라 기꺼이 자신을 희생할 수 있어야 한다.

기독교교육의 전문가인 미국 달라스 신학교의 하

워드 핸드릭스(Howard Hendrix) 교수에 의하면 "멘토는 다른 사람을 성숙시키고 또 계속 성숙해 가도록 도와주며 그가 그 자신의 생애의 목표를 발견하도록 도와주는 데 자신을 헌신한 사람이다."라고 정의한다. 이렇듯 멘토는 멘티의 성장과 장래에 영향을 끼치기 위하여 자신이 가진 것을 나누는 것이다.

1) 멘토의 특징과 계발 방법(GRMBC)

J.로버트 클린턴&리처드 W.클린턴은 리더십 사례 연구에서 "하나님이 리더를 개발하시는 과정에서 가장 자주 사용하시는 방법 중 하나는 특별한 사람들과의 만남이다."라고 하며, 멘토의 특징 6가지를 다음과 같이 이야기하고 있다.

- 사람에게 있는 잠재력을 알아볼 수 있는 분별력 (Discernment)

- 잠재력을 계발하는 데 있어서 흔히 나타나는 실수, 거친 성품, 모난 점과 같은 것을 참아 낼 수 있는 관용(Tolerance)
- 상황에 따라 능동적으로 대처할 수 있는 융통성(Flexibility)
- 리더십 계발을 위해 시간과 경험이 필요한 것을 알고 기다릴 줄 아는 인내심(Patience)
- 미래를 내다보는 비전과 능력 그리고 멘티에게 필요한 다음 단계를 제시할 수 있는 안목(Vision)
- 격려, 동기부여, 재능, 긍휼, 나눔, 권면, 가르침, 믿음, 지혜의 말씀과 같은 영적 은사와 능력(Giftedness)

모든 멘토가 이런 특징을 다 가지고 있는 것은 아니다. 하지만 모두 계발될 수 있는 것이며, 무엇보다도 다른 사람들과 관계를 형성하고 그들을 계발해 주기 위해 자신이 가진 것을 나누어 주기를 열망하는 것이 중요하다. 다음은 다른 사람들의 계발을 도와

주는 5가지 방법이다.

- Giving(조언과 지원)
  - 시기적절한 조언
  - 적시에 필요한 관점을 제공하는 편지, 책, 정보와 다양한 자료
  - 재정적 지원
  - 멘토를 능가하여 더 성장할 수 있는 기회와 자유
- Risking(위험 감수)
  - 리더를 후원하기 위해 자신이 입을 수 있는 위험의 감수
- Modeling(본을 보임)
  - 그들이 닮고 싶어 하는 모델이 된다.
- Bridging(성장 사다리)
  - 지속적으로 성장해 갈 수 있도록 필요한 자원과 연결해 준다.
- Co-Ministering(공동 사역)

- 자신감, 지위, 신뢰성을 높여 주기 위해 공동 사역을 한다.

 멘토링은 관계적 과정으로, 어떤 것을 알고 있는 한 사람(멘토)이 다른 사람(멘티)에게 적절한 시기에 자신의 능력과 자원을 전하여 영향을 미치는 것을 말한다. 여기에서 능력 자원은 지혜, 조언, 정보, 정서적 자원, 보호, 자원 연결, 진로 지도, 지위, 사역 철학, 사역의 통찰력, 다양한 리더십 기술, 중요한 태도, 기본적 사역의 습관, 사역 기회, 하나님의 축복을 통해 사역으로 안내함, 하나님에 대한 경험적 지식 등이 있다.

 2) 훌륭한 멘토가 되려면

 우리는 누구나 다 훌륭한 멘토가 될 수 있다. 그러기 위해서는 나 자신부터 훌륭한 멘토가 되어야 하며, 그 삶을 살아야 한다. 그리고 많은 성도를 훌륭한 멘토로 양육시켜야 한다. 믿지 않는 세상의 사람들에게도 멘토로서의 본을 보여 줄 때 그들이 하나님 앞으로 나올 것이다.

이제 훌륭한 멘토가 되기 위한 지침을 몇 가지 제시해 보고자 한다. 멘토는 다음과 같은 삶이 되도록 기도하면서 반드시 실천해야 한다.

(1) 사랑하라

당신의 멘티를 사랑하라. 사랑이라는 요소 한 가지만으로도 멘토링에서 두려움을 상당 부문 해소할 수 있다. 왜냐하면 "온전한 사랑이 두려움을 내어 쫓기" 때문이다(요일 4:18). 또한 사랑은 모든 것을 참기 때문이다(고전 13:7). 사랑은 멘토의 역할 중 가장 핵심이 되는 요소이다.

(2) 격려하고 위로하고 지지하라

좋은 멘토는 격려하는 사람, 확신하는 사람, 인정

해 주는 사람, 즐겁게 해 주는 사람이다. "너는 해 낼 수 있어!" "정말 잘했어!" "너는 언젠가는 그 분야에서 성공할 거야!" 이런 식의 확신에 찬 말들은 멘티에 큰 힘이 되고 도움이 된다. 멘토는 멘티의 가능성을 믿고 성장을 격려해야 한다. 멘티의 감정을 찾아 칭찬하고 약점을 보완할 수 있도록 도와주어야 한다. 또한 멘티의 실패를 비난하지 않고 그 실패를 통해 배우도록 조언해야 한다.

(3) 깊은 경청과 신뢰를 가져라

멘토는 멘티의 이야기에 귀 기울이고 멘티의 생각과 감정을 이해하려 노력해야 한다. 단순히 말을 듣는 것이 아니라 능동적으로 질문하고 멘티의 말을 이끌어 내도록 한다. 멘티의 입장에서 공감하고 고민을 함께 나누어야 한다. 그리고 멘티의 비밀을 유지하면서 멘토 자신도 멘티에게 솔직히 털어놓으라. 당신의 성공뿐만 아니라 실패도 말하라. '나 역시 완벽하지 않다'고 인정하라. 이를 통해 상호 신뢰가 쌓

이게 될 것이고 멘티에게는 더욱 현실적인 안목을 심어 줄 수 있을 것이다.

(4) 헌신과 열정을 가져라

멘토는 멘토링 과정에서 헌신하고 열정을 가져야 한다. 멘티의 성장을 위해 시간과 노력을 투자하여 그가 성숙하고 발전할 수 있도록 도와야 한다. 멘토링 과정을 통해 멘토 스스로도 성장하고 보람을 느낄 수 있을 것이다.

(5) 평안한 마음으로 임하라

젊은이들은 멘토를 원한다. 그들은 당신이 그들을 멘티로 삼아 주는 것만으로도 고맙게 여기고 가슴 벅차 할 것이다. 평안한 마음으로 멘토링 관계에 임하라. 그들에게 관심을 가져라. 긴장을 풀고 평안한 마음으로 질문하라. 멘토가 평안한 마음을 소유할 때 멘티는 다가온다. 사람은 누구나 평안한 사람을 좋아한다.

(6) 끊임없이 배우고 구체적으로 피드백하라

멘토는 성경 말씀을 끊임없이 묵상하고 배우며 자신의 관심 분야에서 최신 정보와 지식을 습득하는 것이 필요하다. 날마다 말씀 안에서 은혜를 체험하며 삶의 현장에서 성령에 인도하심을 느낄 때 멘토의 성숙한 신앙이 멘토링 과정에 적용될 것이다. 멘토가 스스로 성장함으로써 멘티에게 더 나은 지도를 제공할 수 있다. 또한 멘토는 멘티의 행동이나 결과에 대해 명확하고 구체적인 피드백을 제공해야 한다. 긍정적인 피드백뿐만 아니라 개선할 부분에 대한 피드백도 필요하다. 피드백은 멘티가 스스로 성장할 수 있도록 돕는 데 목적이 있다.

(7) 겸손하라

멘토는 모든 것을 알고 있다고 생각하지 않아야 한다. 멘티의 의견을 존중하며, 멘티와 함께 배우고 성장하는 자세가 필요하다. 훌륭한 멘토는 멘티의 성장과 발전에 큰 영향을 미친다. 멘토가 되고 싶은 사람은 겸손의 자세를 염두에 두고 노력해야 한다.

3) 멘토의 갈등 관리

멘토링 관계에서 갈등은 피할 수 없는 일이다. 멘토와 멘티는 서로 다른 배경, 경험 및 관점을 가지고 있기 때문에 의견 차이가 발생할 수 있다. 또한 멘토링 관계는 진화함에 따라 갈등의 원인이 될 수 있는 새로운 동기가 발생하곤 한다. 이때 갈등이 건강하지 않은 방식으로 관리되면 멘토링 관계를 손상시킬 수 있다. 그러나 효과적으로 관리되면 멘토와 멘티 모두에게 성장의 기회가 될 수 있다.

(1) 멘토링에서 발생하는 일반적인 갈등 유형
- 의견 차이
  - 멘토와 멘티가 다른 세대에 속하거나, 조직 문화·업무 방식에 대한 경험이 다를 때 의견

충돌이 자주 나타난다. 예를 들어, MZ세대는 유연한 환경과 자율성을, 기성세대는 안정성과 전통을 중시하는 경향이 있다.
- 멘토는 멘티의 성장과 올바른 가치관 형성을, 멘티는 실무 능력과 목표 달성을 중시할 수 있어 관점의 차이가 발생할 수 있다.

※ 갈등 예방 및 해결 방안

- 서로의 입장을 경청하고 공감하는 태도가 중요하다. 멘토는 멘티의 생각을 존중하고, 멘티는 멘토의 경험을 이해하려는 노력이 필요하다.
- 대면·비대면, 팀별 등 다양한 방식으로 의견을 나누고, 주기적인 소통을 통해 서로를 이해하는 기회를 마련하는 것이 효과적이다.
- 멘토와 멘티가 서로의 차이를 인정하고, 존중하는 문화를 만드는 것이 의견 차이 해소에 도움이 된다.

- 소통 부족
  - 세대별, 개인별로 소통 방식이 달라 오해가 생길 수 있다. 예를 들어, MZ세대는 직접적이고 디지털 소통을 선호하는 반면, 기성세대는 면대면이나 간접적 표현을 중시한다.
  - 갈등이나 불만이 있을 때 즉시 대화하지 않고 회피하거나 단절하는 경우, 오해가 쌓여 갈등이 심화될 수 있다.
  - 대화나 결정 사항을 기록하지 않거나, 합의된 절차 없이 진행할 경우 책임 소재가 불분명해져 갈등이 장기화될 수 있다.

※ **갈등 예방 및 해결 방안**
  - 멘토링 목적, 기간, 책임 등을 명확히 규정하면 분쟁을 줄일 수 있다.
  - 의견 충돌 시 즉시 대화하고, 문자나 이메일 등으로 소통하는 것이 필요하다.
  - 서로의 입장을 이해하고, 필요시 중재자나 슈

퍼바이저의 도움을 받는 것도 효과적이다.

- 기대치 불일치
  - 멘토와 멘티의 의사소통 부족, 역할과 책임의 불명확성, 그리고 서로 다른 기대치에서 비롯된다.
  - 멘토의 높은 의욕이나 일방적인 운영 방식, 멘티의 소극적 태도 등 서로의 기대치가 어긋날 때 갈등이 발생한다.
  - 멘토링의 목적, 기간, 비용 등에서 합의가 부족하면 갈등이 심화될 수 있다.

※ 갈등 예방 및 해결 방안
  - 멘토링에서 기대 불일치로 인한 갈등은 소통과 명확한 합의, 그리고 조기 조정 노력이 핵심이다.

- 시간 관리 및 개인적 문제
  - 멘토와 멘티 간에 시간 약속과 개인적인 문제로 인해 갈등을 빚어지기도 한다.
  - 상호 신뢰를 쌓기 위해서는 약속한 시간을 지키는 것이 필요하다.

※ 갈등 예방 및 해결 방안
  - 이로 인한 갈등은 사유를 미리 공지하고 사후에 이해시키는 것이 중요하다.

(2) 멘토링에서 갈등을 효과적으로 관리하는 방법
- 조기 개입이 필수다.
- 개방적이고 정직한 의사소통을 한다.
- 상대방을 존중한다.
- 적극적으로 경청한다.
- 문제 해결을 위한 의지와 신념을 보여 준다.
- 타협을 위한 다양한 방법을 모색한다.
- 전문가의 도움 요청한다.

- 멘토와 멘티가 함께 기대치 설정하고 공유한다.
- 정기적인 의사소통을 통하여 미리 갈등 요소가 없게 한다.
- 멘토는 멘티에게 멘토링 피드백을 제공하는 것이 필요하다.
- 문제 해결 관련 교육과 훈련를 통해 역량을 키운다.

갈등은 멘토링 관계의 정상적인 부분임을 기억하는 것이 중요하다. 효과적으로 관리되면 멘토와 멘티 모두에게 성장의 기회가 될 수 있다.

4) 멘티에게 필요한 자세

- 하나님을 섬기고 그분을 위해 쓰임 받고자 하는 열망
- 멘토가 도와줄 수 있다는 것을 인식

- 하나님이 멘토링 관계를 인도하셨다는 것을 믿는 믿음
- 하나님을 섬기고 멘토의 도움을 받기 위해 권리를 내려놓고 기꺼이 권위에 순응하며 희생을 감수
- 멘토를 위해 섬기는 마음의 자세
- 멘토로부터 기꺼이 사역 과제를 받아들임
- 멘토를 향한 존경심
- 멘토에게 기꺼이 책무를 다함

멘티에게 꼭 필요한 것은 성실성(Faithfulness)이다. 바울은 디모데가 리더십을 위해 어떤 사람들을 선택하여 자신의 삶을 투자해야 하는지를 분명하게 말해 준다. "또 네가 많은 증인 앞에서 내게 들은 바를 충성된 사람들에게 부탁하라 그들이 또 다른 사람들을 가르칠 수 있으리라."(딤후 2:2)

3

효과적인 멘토링 관계 구축

1) 멘토링 관계 구축

멘토링 관계는 상호 신뢰와 존중, 그리고 열린 소통을 기반으로 하며 멘토와 멘티 모두가 관계에 적극적으로 참여하고 서로에게 투자할 의향이 있어야 한다.

(1) 관계의 시작: 신뢰 기반의 첫 만남
- 멘토는 정중하고 열린 태도로 먼저 다가가야 한다.
- 멘티에게 '왜 이 관계가 필요한지' 명확하게 설

명한다.
- 서로의 기대와 경계를 미리 나누어 관계에 대한 오해를 줄인다.

(2) 관계의 발전: 경청과 일관성
- 정기적이고 약속된 만남을 유지한다. (격주 1회 이상)
- 멘토는 멘티의 말에 귀를 기울이고, 판단하지 않는다.
- 멘토에겐 '내가 도와주는 사람'이라는 자세보다 '함께 걷는 동행자'라는 자세로 대한다.

(3) 관계의 심화: 삶의 나눔과 기도
- 단순한 조언보다 말씀과 기도를 함께 나누는 관계로 성장시킨다.
- 멘티가 겪는 삶의 문제를 함께 품고 중보해 준다.
- 신뢰가 쌓이면 멘토링은 단지 프로그램이 아닌

서로의 삶을 나누는 축복된 우정이 된다.

2) 관계 구축을 위한 다섯 가지

(1) **신뢰 구축**

멘토는 진솔하고 솔직하며 멘티의 비밀을 지킬 수 있어야 한다. 또한 멘티가 편안하게 자신의 생각과 감정을 공유할 수 있도록 안전한 공간을 제공해야 한다. 약속을 지키며, 의견을 경청하고 멘티의 시간과 노력을 존중하는 것도 필요하다.

(2) **목표 설정**

멘토는 멘티가 자신의 목표를 설정하고 이를 달성하기 위한 계획을 세우도록 도와야 한다. 또한 멘티가 목표를 향해 나아가는 과정에서 지지와 격려를 제공한다. 멘토는 멘티의 성장과 발전을 위해 자신의 경험을 강요하지 않고, 멘티의 개별적 필요와 목표를 존중해야 한다.

(3) 피드백 제공

멘토는 멘티에게 객관적이고 건설적인 피드백을 제공해야 한다. 피드백은 멘티가 자신의 강점과 약점을 이해하고 발전할 수 있도록 해야 한다.

(4) 지원 제공

멘토는 멘티가 직면하는 도전 과제를 극복하도록 도와야 한다. 여기에는 조언, 리소스 및 연결 제공이 포함될 수 있다.

(5) 격려 제공

멘토는 멘티가 목표를 향해 노력할 때 격려와 긍정적인 강화를 제공해야 한다.

3) 경청하기

(1) **경청이란?**

멘토링에서 '경청'(Active Listening)은 관계의 핵심이다. 경청은 단순히 '듣는 것'이 아니라, 멘티의 마음과 삶을 진심으로 받아들이는 태도이자 기술이다. 판단하거나 재촉하지 않고, 멘티의 감정과 경험을 있는 그대로 수용하는 태도이다.

(2) **경청의 중요한 이유**

- 멘티가 안정감과 안전함을 느끼는 관계를 형성할 수 있다.
- 말보다 공감이 회복력을 갖게 한다.
- 멘토링의 초점이 문제 해결이 아니라 존재 수용이라는 것을 보여 준다.
- 멘티가 스스로 깨닫고 성장할 수 있는 내면의 공간을 열어 준다.

(3) 경청의 5가지 실천 원칙

원칙	내용	예시 표현, 행동 등
집중하기	말하는 사람에게 전심으로 집중	지금 이야기가 참 중요해 보여요.
중간에 끼어들지 않기	말을 끊지 말고 끝까지 들어 주기	(고개를 끄덕이기)
공감 표현하기	감정과 경험에 반응해 주기	그건 참 속상했겠어요.
비언어적 표현 사용하기	눈 맞춤, 끄덕임, 미소 등	(침묵 속에서도 함께 있어 주기)
반응보다 질문하기	판단보다 탐색 질문 던지기	그때 어떤 마음이 들었나요.

(4) 하지 말아야 할 경청의 태도

- 넘겨짚기: 상대방의 말을 듣고 그대로 받아들이지 않고 자신의 생각으로 짐작하고 넘겨짚는다.
- 걸러 듣기: 듣고 싶은 것만 걸러 듣는다.
- 다른 생각: 상대방의 말에 집중하지 못하고 다른 생각을 한다.
- 시선 이탈: 상대방의 말이 지루하다는 듯 시선을 고정하지 못하고 몸을 움직인다.

- 즉각 반응: 즉각적인 반응이나 반박을 준비하는 태도를 보인다.

(5) **멘토의 자기 점검 질문**
- 나는 멘티의 말을 끝까지 듣고 긍정적인 반응을 하는가?
- 나는 멘티의 말을 주의 깊게 듣고 이해하려 하는가?
- 나는 멘티의 언행을 관찰하고 조언할 준비가 되어 있는가?
- 나는 멘티의 말에 끼어들지 않고 적절한 질문을 하는가?

4) 존중하기

(1) **존중이란?**

멘토링에서 존중은 멘티의 존재, 말, 감정, 믿음,

경험을 있는 그대로 귀하게 여기는 태도이다. 내 기준으로 바라보는 것이 아니라 하나님께서 사랑하시는 한 사람으로 바라보는 마음이다.

(2) 존중이 중요한 이유
- 존중은 멘티에게 안전한 정서적 공간을 제공한다.
- 멘티의 자율성과 성장 가능성을 인정하는 태도이다.
- 존중을 받을 때 멘티는 자기 자신을 긍정하고 자발적으로 변화하게 된다.
- 예수님도 제자들의 부족함을 정죄하지 않고 기다려 주셨다.

(3) 존중의 5가지 실천 원칙

원칙	내용	예시 표현, 행동 등
가치 부여하기	신뢰 및 의미를 부여	그 생각이 참 깊네요.
속도 존중하기	재촉하지 않고 기다려 주기	천천히 이야기해도 좋아요.
신앙 수준과 배경 이해하기	신앙 연륜 및 상처를 이해하고 공감하기	저도 그럴 때가 있었어요.
다름을 수용하기	성격, 말투, 관점 달라도 긍정적으로 수용	그럴 수 있어요. 이해해요.
결정 지지하기	멘티가 내린 결정을 존중하고 함께 기도	참 잘한 결정 같아요. 지지하고 기도할게요.

(4) 멘토가 조심해야 할 비(非)존중 언행

비존중 언행이란 상대방의 감정이나 가치를 무시하거나 모욕하는 말투, 표현, 호칭 등을 사용해 상대방을 불쾌하게 하거나 신뢰를 떨어뜨리는 언어 행위를 의미한다.

- 비난, 모욕적인 표현: 상대방을 깎아내리거나 감정을 상하게 하는 말 (예: "넌 항상 그래.", "그건 네가 몰라서 그래.", "그건 좀 유치하네요.", "그렇게밖에 생

각 못 해요?" 등)
- 반말, 무례한 호칭: 친하지 않은 사람에게 반말이나 낮춤말을 사용하는 것, 또는 상대방이 원하지 않는 호칭을 강요하는 행위
- 경청 부족과 무시: 대화 중 상대의 말을 듣지 않거나, 중간에 끊거나, 의견을 무시하는 태도 (예: "그건 믿음이 부족한 거예요.", "말씀대로 못 사는 건 핑계예요." 등)

(5) **멘토의 자기 점검 질문**
- 나는 멘티의 말을 끝까지 듣고 인정해 주고 있는가?
- 나는 멘티의 느린 성장에 대해 인내하고 기다려 주는가?
- 나는 멘티에게 나의 생각을 강요하고 있지는 않은가?
- 나는 멘티의 배경과 신앙 수준을 존중하고 있는가?

5) 지혜롭게 조언하기

(1) 지혜로운 조언이란?

멘토링은 단순한 조언이 아니라, 멘티가 하나님의 뜻 안에서 스스로 깨닫고 성장하도록 돕는 동행인 것이다. 그 중심에는 '지혜로운 조언'이 있다.

(2) 지혜로운 조언이 중요한 이유

- 멘토의 말 한마디가 멘티의 삶에 하나님의 방향성을 제시하는 나침반이 될 수 있다.
- 단순한 경험 말하기가 아닌, 하나님의 말씀과 멘티의 삶의 상황을 연결해 주는 인도이다.

(3) 지혜로운 조언의 5가지 실천 원칙

원칙	내용	예시 표현, 행동 등
충분히 경청한 후 말하기	상황과 감정을 정확히 이해한 후 조언	잘 들었어요 내 생각은…
말씀 중심으로 안내하기	조언의 기준은 하나님 말씀	말씀에서 찾아보아요.
조언 전에 기도하기	성령의 지혜를 먼저 구하기	기도하면 지혜 주실 거예요.
말보다 질문하기	스스로 깨달을 수 있는 질문하기	궁금한 것 물어보세요.
때를 기다리기	조언이 필요한 순간을 기다린다	준비된 마음으로 기다려 봐요.

(4) 피해야 할 조언의 태도

- 경험 강요: "내가 해봐서 아는데…"
- 정죄: "그건 네가 잘못한 거야."
- 빠른 해결 지시: "이렇게 하면 되잖아."
- 권위로 누르기: "하나님의 뜻은 그게 아니야."

⑸ **멘토의 자기 점검 질문**
- 나는 충분히 들은 후에 조언하고 있는가?
- 나의 조언이 성경 말씀에 근거한 것인가, 내 경험에 근거한 것인가?
- 나의 조언이 멘티의 자율성과 성장을 돕는 방식인가, 통제하는 방식인가?
- 나는 조언 전에 하나님의 지혜를 구하고 있는가?

6) 관계 구축을 위한 추가 팁

- **함께 시간을 보내기**
  - 멘토와 멘티는 서로를 더 잘 알 수 있도록 정기적으로 만나야 한다.
- **공통 관심사를 찾기**
  - 멘토와 멘티가 공통 관심사를 가지고 있으면 관계를 구축하는 데 도움이 될 수 있다.

- 유머 감각을 유지하기
  - 멘토링 관계는 즐겁고 보람 있는 경험이어야 한다. 유머 감각을 유지하면 어려운 대화를 나누고 긴장을 풀 수 있다.
- 인내심을 가지기
  - 멘토링 관계를 구축하는 데는 시간이 걸린다. 서로를 이해하고 신뢰를 구축하는 데 시간을 투자해야 한다.

주님, 제게 만날 멘티를 예비해 주소서.
그 사람의 필요를 깨닫게 하시고,
제가 먼저 손을 내밀 수 있는 지혜와 용기를 주옵소서.

단순한 관계가 아니라, 그리스도 안에서 서로 세워지는 거룩한 동행이 되게 하소서.

4

멘토링 윤리강령 및 비밀 유지

1) 멘토의 윤리적 책임
- **신뢰**: 멘토는 멘티와의 신뢰가 중요하다. 멘토는 멘티에게 정직하고 진실하게 대하며, 멘티의 의견을 존중해야 한다.
- **전문성**: 멘토는 자신의 전문성과 경험을 토대로 멘티에게 최상의 조언과 지원을 제공해야 한다. 또한 다른 전문가의 도움도 필요하다.
- **객관성**: 멘토는 멘티에게 개인적인 편견이나 판단 없이 객관적인 조언을 제공하여야 한다. 멘티의 선택을 존중하고, 스스로 결정을 내릴 수 있도록 돕는다.

- 비밀 유지: 멘토는 멘티로부터 얻은 모든 정보를 비밀로 유지해야 한다. 멘티의 동의 없이 타인에게 멘티의 정보를 제공해서는 안 된다.
- 책임감: 멘토는 멘토링 관계에서 발생하는 것에 모든 책임이 있다. 멘티에게 피해를 주거나 위험에 빠뜨릴 수 있는 행동을 하지 않아야 한다.

2) 비밀 유지

멘토는 멘티로부터 얻은 모든 정보를 비밀로 유지해야 한다. 여기에는 멘티의 개인정보, 경력 정보, 재정 정보, 의료 정보 등이 포함된다. 멘토는 멘티의 동의 없이 타인에게 멘티의 정보를 공개해서는 안 된다.

(1) **멘토가 비밀 유지를 위해 취해야 할 조치**
- 멘티의 정보를 안전하게 보관해야 한다.

- 멘티의 정보를 공유하기 전에 멘티의 동의를 얻어야 한다.
- 멘티의 정보를 공유하는 경우 최소한의 정보만 공유해야 한다.
- 멘티의 정보를 공유하는 목적을 명확하게 설명해야 한다.
- 멘티의 정보를 공유하는 사람들에게 비밀 유지 의무를 부과해야 한다.

(2) **비밀 유지를 위반하는 경우**

멘토가 비밀 유지를 위반한 경우 멘티에게 명예훼손, 사생활 침해, 정신적 고통, 경제적 손실과 같은 피해를 입힐 수 있다. 또한 멘토는 민법상 손해배상책임이나 형법상 비밀누설죄로 처벌받을 수 있다.

5
멘토링 계획 세우기

1) 멘토링 목표

성공적인 멘토링을 위해서는 명확하고 구체적인 목표를 설정하는 것이 중요하다.

(1) **SMART 원칙**
- Specific(구체적): 목표는 명확하고 구체적이어야 한다. 막연한 목표보다는 구체적인 내용으로 목표를 설정할수록 달성 가능성이 높아진다.
- Measurable(측정 가능): 목표는 측정 가능한 지표를 포함해야 한다. 목표 달성 여부를 확인하기

위해 객관적인 기준을 설정해야 한다.
- Achievable(달성 가능): 목표는 현실적으로 달성 가능한 수준이어야 한다. 너무 높거나 낮은 목표는 오히려 멘토와 멘티의 역량을 저하시킬 수 있다.
- Relevant(관련성): 목표는 멘티의 개인적, 전문적 목표와 관련이 있어야 한다. 멘티에게 의미가 없는 목표는 흥미와 참여도를 저하시킬 수 있다.
- Timebound(기간 설정): 목표는 달성 기간을 명확하게 설정해야 한다. 기간 제한 없이 목표를 설정하면 멘토와 멘티의 책임감이 느슨해질 수 있다.

(2) 멘토링 목표 설정 시 고려 사항
- 멘티의 개인적, 전문적 목표
- 멘티의 강점과 약점
- 멘토의 역량과 경험
- 멘토링 프로그램의 기간 및 범위

- 멘토링 활동에 투자 가능한 시간 및 자원

(3) 멘토링 목표 설정 방법
- 멘토와 멘티가 함께 목표를 설정하는 것이 좋다.
- 멘토는 멘티의 목표를 달성하기 위해 필요한 조언과 지원을 제공해야 한다.
- 멘토링 목표는 정기적으로 검토하고 조정해야 한다.

2) 멘토링 평가

멘토링 목표 달성 여부를 확인하고 멘토링 프로그램의 효과성을 평가하기 위해서는 다양한 평가 방법을 활용할 수 있다.

(1) 멘토링 평가 방법
- 멘토링 일지: 멘토와 멘티는 멘토링 세션 내용,

주요 토론 내용, 달성한 진척 사항 등을 기록한다.
- **설문 조사:** 멘토와 멘티에게 멘토링 프로그램에 대한 만족도, 멘토의 역량, 멘토링 활동의 효과 등을 평가하는 설문 조사를 실시한다.
- **면담:** 멘토와 멘티 개별 면담을 통해 멘토링 목표 달성 여부, 멘토링 프로그램의 강점과 약점, 개선 방안 등을 논의한다.
- **포트폴리오:** 멘티는 멘토링 기간 동안 수행한 활동, 프로젝트 결과물 등을 포트폴리오로 제출한다.
- **객관적인 지표:** 멘티의 학업 성적, 직무 성과, 자격증 취득, 훈련 과정 수료 등 객관적인 지표를 통해 멘토링의 효과를 평가한다.

(2) 멘토링 평가 시 고려 사항

- 멘토링 목표가 명확하고 측정 가능한 지표로 설정되었는지, 멘토와 멘티가 목표 달성을 위해 노력하고 있는지 평가
- 멘티의 개인적, 전문적, 신앙적 성장
- 멘토와 멘티가 멘토링 프로그램에 만족하고 있는지 평가
- 멘토링 프로그램의 기대효과 및 사후관리
- 멘토링 활동에 대한 투자 수익률(ROI)

(3) 멘토링 평가 결과 활용

- 멘토링 프로그램 개선 및 발전 방향 제시
- 멘토와 멘티에게 피드백을 제공
- 멘토링 활동의 효율성 제고
- 멘토링 프로그램의 지속가능성 확보

멘토는 답을 주는 사람이 아니다. 답을 찾아가도록 기다려 주는 사람이다. 따라서 조언보다 더 중요한

것은 '듣는 마음'임을 염두에 두어야 한다.

3) 멘토링 세션 준비 및 계획 진행

성공적인 멘토링 세션을 위해서는 충분한 준비와 계획이 중요하다. 멘토는 다음과 같은 단계를 거쳐 멘토링 세션을 준비하고 계획해야 한다.

(1) **목표 설정**
- SMART 목표 설정: 멘토링 세션의 목표는 명확하고 측정 및 달성 가능하며 관련성이 있고 기간 제한이 있어야 한다.
- 멘티와 협의: 멘토는 멘티와 함께 멘토링 세션의 목표를 설정해야 한다. 멘티의 요구와 목표를 반영하여 멘토링 세션이 진행되어야 한다.

(2) **주제 선정**

- 멘토링 목표와 관련된 주제: 멘토링 세션의 주제는 멘토링 목표와 관련된 내용이어야 한다. 멘티가 목표를 달성하는 데 도움이 되는 정보와 지식을 제공해야 한다.
- 멘티의 관심사: 멘토는 멘티의 관심사를 고려하여 주제를 선정해야 한다. 멘티가 흥미를 가지고 참여할 수 있는 주제를 선택해야 한다.
- 최근 동향: 멘토는 최근 동향이나 분야별 트렌드를 반영하여 주제를 선정할 수 있다. 멘티가 시대적 요구에 부응할 수 있도록 도와야 한다.

(3) **자료 준비**

- 관련 자료: 멘토는 멘토링 세션 주제와 관련된 자료를 준비해야 하며 자료는 멘티가 쉽게 이해할 수 있도록 명확하고 간결해야 한다.
- 실습 활동: 멘토는 멘티가 직접 참여할 수 있는 실습 활동을 준비하고 멘티가 학습 내용을 실제

로 적용할 수 있도록 도와야 한다.
- 사례 연구: 멘토는 멘토링 주제와 관련된 사례 연구를 활용할 수 있다. 멘티가 실제 상황을 이해하고 문제 해결 능력을 향상시키도록 도와야 한다.

⑷ **진행 계획**
- 시간 배분: 멘토는 멘토링 세션의 시간을 효율적으로 활용할 수 있도록 시간 배분을 계획해야 한다. 주요 활동에 충분한 시간을 할애하고, 멘티와의 질의응답 시간도 확보해야 한다.
- 참여 방식: 멘토는 멘티가 적극적으로 참여할 수 있는 다양한 참여 방식을 활용해야 한다. 토론, 브레인스토밍(BrainStorming), 그룹 활동 등을 통해 멘티의 참여를 유도해야 한다.
- 피드백 제공: 멘토는 멘토링 세션 후 멘티에게 구체적이고 건설적인 피드백을 제공해야 한다. 멘티가 자신의 강점과 약점을 파악하고 성장할 수

있도록 도와야 힌다.

(5) 추가 준비 사항

- 장소: 멘토링 세션은 조용하고 편안한 장소에서 진행되어야 한다. 멘티가 집중할 수 있는 환경을 조성해야 한다.
- 기술: 멘토는 필요한 기술을 준비해야 한다. 프레젠테이션 도구, 온라인 회의 플랫폼 등을 활용할 수 있다.
- 예상 질문: 멘토는 멘티가 멘토링 세션에서 제기할 수 있는 예상 질문을 준비해야 한다. 멘티의 질문에 명확하고 정확하게 답변할 수 있도록 준비해야 한다.

(6) 멘토링 세션 후속 관리

- 요약 및 주요 내용 전달

멘토는 멘토링 세션 후 멘티에게 요약 및 주요 내용을 전달해야 한다. 멘티가 멘토링 세션 내용을 기억하고 활용할 수 있도록 도와야 한다.

• 행동 계획 수립

멘토는 멘티와 함께 행동 계획을 수립해야 한다. 멘티가 멘토링 세션에서 배운 내용을 실천하도록 한다.

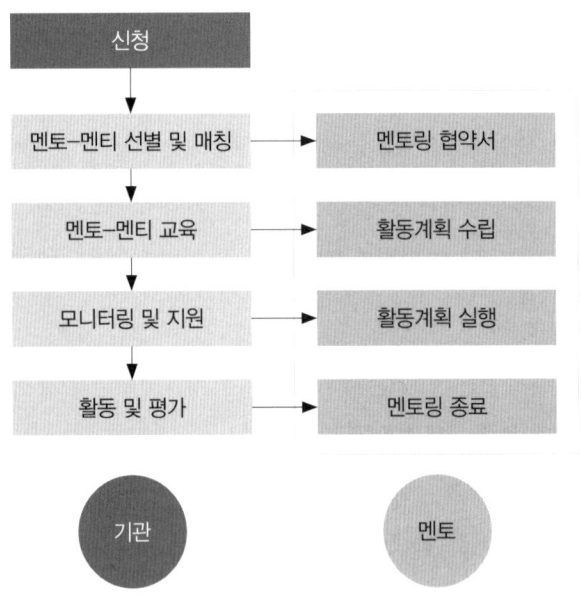

* 자료: 한국사회복지사협회 멘토링 포털

6

멘토링에서 오는 열매

1) 신앙 성장 측면에서

크리스천 멘토링은 단순한 조언을 넘어, 멘티가 그리스도 안에서 성숙한 인격으로 성장하도록 돕는 과정이다. 멘토링을 통해 멘티가 맺을 수 있는 신앙 성장의 열매는 다음과 같다.

(1) 흔들리지 않는 신앙의 뿌리

멘토는 멘티가 말씀을 깊이 이해하고 삶에 적용하도록 돕는다. 성경적인 가치관을 확립하도록 옆에서 이끌어 주기 때문에, 멘티는 세상의 가치관에 쉽게 흔들리지 않고 하나님 말씀에 굳건히 뿌리내린 신앙을 가질 수 있게 된다.

(2) 살아 있는 기도의 능력

기도는 그리스도인의 호흡과 같다. 멘토링을 통해 멘티는 기도가 단순히 소원을 비는 행위를 넘어 하나님과의 친밀한 교제임을 배운다. 멘토의 기도의 삶을 가까이서 보며 배우고, 함께 기도하는 시간을 통해 그 깊이와 능력을 경험하게 된다.

(3) 성숙한 영적 분별력

멘토는 멘티가 삶의 다양한 문제 앞에서 성경적으로 사고하고, 성령의 인도하심을 따라 올바른 결정을 내릴 수 있도록 돕는다. 멘티는 멘토와의 대화를 통해 자신의 생각과 감정을 점검하고, 영적으로 분별하는 훈련을 반복하며 점차 성숙한 영적 분별력을 갖게 된다.

(4) 건강한 공동체 의식

멘토링은 멘티가 교회 공동체의 한 지체로서 소속감을 느끼고 건강한 관계를 맺도록 돕는다. 멘토는 공동체 안에서의 봉사와 섬김의 의미를 가르치고, 멘티가 교회 안에서 자신의 역할을 발견하도록 격려한다. 이를 통해 멘티는 개인적인 신앙생활을 넘어 공동체 속에서 함께 성장하는 기쁨을 누리게 된다.

멘토링은 한 사람의 삶을 통해 또 다른 사람의 삶이 변화하는 귀한 사역이다. 멘티는 멘토의 삶을 보며 예수 그리스도의 제자로서의 삶이 무엇인지 구체적으로 배우고, 결국에는 받은 은혜를 흘려보내며 또 다른 멘토로 성장하는 선순환을 만들어 간다.

2) 삶과 사역적 측면에서

크리스천 멘토링은 신앙 성장뿐만 아니라, 삶과 사

역의 다양한 영역에서 풍성한 열매를 맺게 한다. 멘토는 멘티가 자신의 은사를 발견하고 하나님 나라를 위해 헌신하는 삶을 살아가도록 돕는 길잡이 역할을 한다.

(1) 삶의 측면에서의 열매

- 성경적인 삶의 태도 형성

멘토와의 교제를 통해 멘티는 일상생활의 크고 작은 문제들을 성경적인 관점으로 바라보는 법을 배운다. 직장, 가정, 인간관계 등 삶의 모든 영역에서 그리스도인으로서 어떻게 살아가야 할지에 대한 지혜와 통찰력을 얻게 된다.

- 건강한 인격적 성장

멘토는 멘티의 강점과 약점을 객관적으로 파악하도록 돕고, 성령의 열매를 맺는 삶을 살도록 격려한다. 이를 통해 멘티는 겸손, 사랑, 절제 등 그리스도를 닮아 가는 성숙한 인격을 형성하게 된다.

- 영적 위기 극복 능력

멘토는 멘티가 겪는 영적 침체나 시험의 시기에 곁에서 함께 기도하며 격려하는 든든한 동반자가 된다. 멘티는 멘토의 경험과 지혜를 통해 위기를 슬기롭게 극복하고 그 계기로 신앙이 더욱 단단해지는 열매를 맺게 된다.

(2) 사역적인 측면에서의 열매

- 은사 발견 및 개발

멘토는 멘티가 하나님께 받은 고유한 은사와 재능을 발견하도록 돕고, 그 은사를 교회와 공동체를 위해 어떻게 사용할 수 있을지 함께 고민하게 되며, 멘티는 자신의 은사를 사역에 적용하며 하나님 나라에 기여하는 기쁨을 누리게 된다.

- 사역의 비전 구체화

멘토와의 대화는 멘티가 막연하게 생각하던 사역의 비전을 구체적으로 세우는 데 도움을 준다. 멘토는 멘티의 비전을 경청하고, 현실적인 조언과 전략적인 방향을 제시하며 멘티가 사명자의 삶을 살아가도록 이끌어 준다.

• 멘토로의 성장

멘토링의 궁극적인 열매 중 하나는 멘티가 또 다른 멘토로 성장하는 것이다. 멘토로부터 받은 사랑과 가르침을 바탕으로, 멘티는 자신이 속한 공동체에서 또 다른 누군가를 멘토링하며 영적인 재생산의 선순환을 만들어 가게 된다.

3) 관계와 진로적인 측면에서의 열매

크리스천 멘토링은 신앙적 성장뿐만 아니라, 관계와 진로에 있어서도 풍성한 열매를 맺게 한다. 멘토는 멘티가 건강한 관계를 맺고 하나님의 뜻에 맞는 진로를 찾아가도록 돕는 중요한 역할을 수행한다.

(1) 관계적인 측면에서의 열매

멘토링은 멘티가 건강하고 성숙한 관계를 맺도록 돕는다.

• 성경적인 인간관계 형성

멘토는 멘티가 가정, 친구, 직장 동료 등 다양한 관계 속에서 예수님의 사랑과 용서, 섬김을 실천하도록 돕는다. 이를 통해 멘티는 갈등을 지혜롭게 해결하고, 건강한 소통 방식을 배우며, 신뢰를 바탕으로 한 깊이 있는 관계를 형성한다.

• 영적 공동체 안에서의 소속감

멘토와의 관계는 멘티가 교회 공동체 안에서 자신의 자리를 찾고 소속감을 느끼는 데 중요한 발판이 된다. 멘토는 멘티가 공동체의 지체로서 역할을 감당하고, 함께 울고 웃는 진정한 교제를 경험하도록 이끌어 준다.

(2) **진로적인 측면에서의 열매**

멘토링은 멘티가 하나님의 비전 안에서 자신의 진로를 발견하고 준비하도록 돕는다.

• 소명 발견 및 확인

멘토는 멘티가 자신의 은사, 재능, 열정을 객관적으로 파악하도록 돕는다. 멘티는 멘토와의 대화를 통해 직업을 단순히 생계 수단으로 여기는 것을 넘어, 하나님께서 자신에게 주신 소명으로 인식하게 된다.

• 실질적인 조언과 길잡이

멘토는 자신의 삶과 경험을 나누며 멘티에게 현실적인 조언을 제공한다. 특히 동일한 분야에 종사하는 멘토를 만날 경우, 멘티는 직업의 세계를 미리 경험하고 준비할 수 있는 귀한 통찰력을 얻을 수 있다.

• 진로 결정에 대한 영적 확신

멘토는 멘티가 진로를 결정하는 과정에서 기도와

말씀으로 하나님의 뜻을 구하도록 돕는다. 이를 통해 멘티는 인간적인 욕심이 아닌 하나님의 인도하심을 따라 진로를 결정하며, 그 길에 대한 영적인 확신을 얻게 된다.

7

멘티의 독립과 파송

 멘토링 관계에서 멘티의 독립과 파송은 멘토링의 중요한 마지막 단계이다. 이 단계는 멘티가 멘토의 도움 없이도 신앙생활을 스스로 이끌어 갈 수 있도록 준비시키고, 더 나아가 다른 사람들을 섬길 수 있는 역량을 갖추도록 돕는 과정이다.

1) 독립의 의미

 독립은 멘티가 멘토에게 의존하지 않고도 영적으로 자립하는 상태를 의미한다. 이는 단순히 멘토링 관계가 끝나는 것을 넘어, 멘티가 스스로 성경을 읽고 묵상하며 기도하는 습관을 형성하고, 영적인 분별력을 가지고 신앙적 결정을 내릴 수 있는 능력을 갖추는 것을 포함한다. 멘토는 이 과정에서 점진적으로 멘티에게 책임을 이양하며, 스스로 신앙 성장을 주도할 수 있도록 격려하는 것이 필요하다.

2) 파송의 의미

파송은 독립을 넘어, 멘티가 멘토로서 다른 사람들을 돕고 섬기는 자리로 나아가는 것을 의미한다. 멘토는 멘티가 받은 은혜와 지식을 다른 사람들과 나누도록 독려하며, 멘티가 새로운 멘토링 관계를 시작하거나 교회와 공동체에서 리더십 역할을 수행할 수 있도록 지원한다. 파송은 멘토링의 궁극적인 목표 중 하나로, 복음이 세대를 이어 전파되는 순환 구조를 만들어 간다.

3) 독립과 파송을 위한 멘토의 역할

(1) 점진적 이별 준비

멘토는 멘토링 관계 초반부터 이 관계가 영원하지 않음을 인지시키고, 멘티의 자립을 목표로 멘토링을 진행해야 한다.

(2) 자율성 부여

멘토는 멘티가 스스로 질문하고 답을 찾도록 유도하며, 멘티의 의사결정 과정을 존중해야 한다.

(3) 사명 발견 돕기

멘티가 가진 은사와 재능을 발견하고, 이를 통해 하나님 나라를 위해 어떻게 봉사할 수 있는지 함께 고민한다.

(4) 파송 격려

멘토는 멘티가 새로운 사역이나 봉사를 시작할 때

적극적으로 격려하고, 필요하다면 조언과 지원을 아끼지 않는다.

멘토링은 단순히 지식을 전달하는 것을 넘어, 한 영혼이 온전히 성장하여 또 다른 영혼을 일으켜 세우는 영적인 재생산의 과정이다. 따라서 멘티의 성공적인 독립과 파송은 멘토링의 결실이자, 복음 전파의 지속적인 확장을 의미하는 중요한 단계라 할 수 있다.

Part 4

멘토와 멘티가
함께 성장하는 여정

지금 당신이 가장 신뢰하는 사람은 누구입니까? 왜 그렇게 되었나요?
"주의 말씀은 내 발에 등이요, 내 길에 빛이니이다."(시 119:105)

1

멘토의 지속적 성장을 위한 교육 프로그램

 멘토 교육 프로그램은 멘토들이 멘티를 효과적으로 지원하고 멘토링 관계를 성공적으로 이끌어 나갈 수 있도록 돕는 중요한 역할을 한다. 효과적인 멘토 교육 프로그램을 구성하기 위해서는 다음과 같은 요소들을 고려해야 한다.

1) 프로그램 목표 설정
- **멘토의 역할 이해**: 멘토의 역할과 책임에 대한 명확한 이해를 돕는다.
- **효과적인 소통 기술 습득**: 멘티와의 원활한 소통을 위한 기술을 습득한다.

- **긍정적인 관계 형성**: 멘티와의 신뢰 관계를 구축하고 긍정적인 관계를 형성하는 방법을 익힌다.
- **멘토링 과정 관리**: 멘토링 프로그램의 전체적인 과정을 이해하고 관리하는 능력을 키운다.
- **윤리 의식 함양**: 멘토링 과정에서 지켜야 할 윤리적 기준을 이해하고 실천한다.

2) 프로그램 내용 구성

- **멘토링 이론**: 멘토링의 정의, 역사, 이론적 배경, 다양한 멘토링 모델 소개 등
- **멘토의 역할**: 멘토의 역할과 책임, 멘토와 멘티의 관계, 효과적인 멘토링을 위한 태도 등
- **효과적인 소통 기술**: 경청, 공감, 질문, 피드백, 비언어적 의사소통 등
- **멘토링 과정 관리**: 멘토링 계획 수립, 진행, 평가, 문제 해결 등
- **청소년 발달 심리**: 청소년의 심리적 특징, 발달 단계별 특징, 청소년과의 효과적인 소통 방법 등

- 윤리와 법: 멘토링 과정에서 지켜야 할 윤리적 기준, 개인정보보호, 성희롱 예방 등

3) 교육 방법
- 강의: 멘토링 이론, 청소년 발달 심리 등 이론적인 내용을 전달한다.
- 역할극: 멘토와 멘티 간의 상황을 연출하여 실제적인 문제 해결 능력을 키운다.
- 그룹 토론: 참여자들 간의 의견을 교환하고 다양한 관점을 공유한다.
- 사례 연구: 실제 멘토링 사례를 분석하고 시사점을 도출한다.
- 멘토링 계획 수립: 개별 멘토링 계획을 수립하고 발표하는 시간을 가진다.

4) 교육 평가
- 만족도 조사: 교육 프로그램에 대한 참여자들의 만족도를 조사한다.

- **역량 평가**: 교육 전후 멘토들의 역량 변화를 평가한다.
- **행동 변화 관찰**: 실제 멘토링 현장에서 멘토들의 행동 변화를 관찰한다.

5) 추가적인 고려 사항
- **맞춤형 교육**: 멘토들의 배경과 경험을 고려하여 맞춤형 교육을 제공한다.
- **지속적인 지원**: 멘토링 과정 동안 지속적인 지원과 상담을 제공한다.
- **다양한 교육 자료 활용**: PPT, 영상, 사례 연구 등 다양한 교육 자료를 활용한다.
- **경험 공유**: 숙련된 멘토를 초청하여 경험을 공유하는 시간을 마련한다.
- **온라인 교육 플랫폼 활용**: 온라인 교육 플랫폼을 활용하여 교육의 접근성을 높인다.

6) 멘토 교육 프로그램 구성 시 주의해야 할 점

- **이론과 실제의 균형**: 이론적인 내용과 실제 멘토링 상황에서 활용할 수 있는 실습을 적절히 조합해야 한다.
- **참여자 중심의 교육**: 일방적인 강의보다는 참여자들의 활발한 참여를 유도하는 양방향 소통 방식을 활용해야 한다.
- **지속적인 학습 환경 조성**: 멘토링 프로그램 이후에도 지속적으로 학습하고 성장할 수 있도록 지원해야 한다.

2
교회 멘토링 프로그램

1) 프로그램 개요

- **목적**: 성도 간의 신앙적 동반자 관계 형성, 성숙한 신앙생활 유도 및 삶의 적용, 공동체 내 돌봄과 양육 문화 정착
- **주기**: 주 1회 또는 격주 1회(약 60분 내외)
- **기간**: 3개월/6개월 단위(협의 후 연장 가능)
- **형태**: 1:1 혹은 1:2~3(소그룹도 가능)
- **장소**: 교회, 카페, 온라인 등 자유롭게 선택

멘토링의 유형

유형	대상	목적	비고
새가족 멘토링	등록 3개월 이내	정착과 관계 형성	
신앙 기초 멘토링	초신자	성경, 기도, 예배 훈련	
청년 멘토링	청년부	진로, 인간관계, 영적 성장	
부부 멘토링	결혼 5년 이내 부부	관계 회복, 자녀 양육	
리더 멘토링	순장/사역자	리더십, 영성 훈련	

2) 멘토의 역할

- 진심 어린 경청과 공감
- 삶과 신앙의 나눔을 주도하며 소통
- 말씀과 기도로 멘티를 격려
- 멘티의 영적 성장을 위한 조언 제공
- 개인정보 및 상담 내용의 비밀 유지
- 필요시 목회자나 상담 전문가와 연계

3) 멘티의 태도

- 열린 마음으로 멘토링 나눔에 참여
- 정직하게 자신의 삶을 표현하고 지혜를 구함
- 신앙과 삶의 성장과 성숙을 위한 노력
- 멘토의 조언에 대한 감사와 존중

4) 멘토링 구성 예시(60분 기준)

- 환영과 교제(10분)
    - 근황 나누기, 기도제목 나눔
- 말씀 나눔(20분)
    - 주제 말씀 읽기 및 느낀 점 나누기
- 삶의 적용(20분)
    - 말씀을 내 삶에 어떻게 적용할지 나누기
    - 실천 계획 세우기
- 기도(10분)

- 서로를 위한 중보기도

5) 멘토링 질문 가이드

- 요즘 기도는 어떻게 하고 있나요?
- 최근 말씀을 통해 어떤 은혜가 있었나요?
- 삶에서 어려운 점이나 고민이 있다면?
- 공동체 속에서 기쁨 또는 갈등이 있었나요?
- 다음 주까지 실천할 수 있는 작은 변화는?

6) 마무리 및 간증

- 멘토링 종료 시점에서 함께 간증 나눔 모임을 가질 것
- 성과와 변화에 대해 서로 감사 표현
- 다음 단계(소그룹, 사역 참여 등) 제안

7) 멘티를 어떻게 만날 것인가

(1) 교회 내 연결 방법

- 셀 리더나 목회자에게 영적으로 자라길 원하는 분들을 추천받는다.
- 교회 내 게시 및 광고, 홈페이지 등에 멘토링 프로그램을 홍보하고 지원자를 신청받는 방식도 효과적이다.
- 공동체 모임(청년부, 장년부, 여성/남성 소그룹 등)에서 자연스럽게 눈여겨보고 권유한다.

(2) 자연스러운 접근법

- 커피 한잔, 식사, 소그룹 나눔 등을 통해 관계가 편안하게 시작되도록 한다.
- 공식적이기보다 먼저 인간적인 친밀감을 쌓는 것이 필요하다.

(3) 매칭 기준

- 성별 일치, 연령대 고려, 신앙 성숙도 차이 등이 균형 있게 조율되어야 한다.
- 성격, 직업, 관심사 등의 라이프스타일도 가능한 한 매칭에 고려한다.
- 가능하면 1:1 또는 1:2 소그룹 형태가 좋다.

3

청소년 멘토링 프로그램

크리스천 청소년들을 위한 멘토링 프로그램 운영은 단순한 학습 지도를 넘어, 신앙 성장과 인격 형성에도 기여할 수 있는 귀한 사역이다. 성공적인 프로그램 운영을 위해 다음과 같은 단계별 가이드를 참고로 제공한다.

1) 프로그램 목표 설정 및 비전 수립

(1) **목표 설정**
- 청소년들의 신앙 성장을 돕는다.

- 학업 성취도 향상을 돕는다.
- 리더십 개발을 돕는다.
- 건강한 인간관계 형성을 돕는다.
- 사회봉사 정신 함양을 돕는다.

(2) **비전 수립**

- 프로그램을 통해 청소년들이 하나님의 자녀로서의 정체성을 확립하고, 사회의 빛과 소금이 되는 인재로 성장하도록 돕는다.

2) 대상 청소년 선정 및 모집

(1) **대상 학생**

- 초등학생, 중학생, 고등학생 등 연령대별 맞춤형 프로그램 구성
- 특정 교회 소속 학생, 지역 내 학생 등 대상 범위 설정

(2) **모집 방법**

- 교회 게시판, 교회 홈페이지, SNS 등을 활용한 홍보
- 학교, 지역 사회와의 협력을 통한 모집

3) 멘토 모집 및 교육

(1) **멘토 자격**

- 깊이 있는 신앙생활을 하고 있는 성인
- 리더십, 소통 능력, 인내심을 갖춘 자
- 청소년들과의 관계 형성에 능숙한 자

(2) **멘토 교육**

- 멘토링의 목적과 중요성에 대한 교육
- 멘토링 기법 및 상담 기법 교육
- 청소년 심리 및 발달 단계에 대한 교육
- 비밀 유지 및 윤리 교육

4) 멘토—멘티 매칭

(1) 매칭 기준

- 성별, 연령, 성격, 관심사 등을 고려하여 최대한 적합한 짝을 만들어 준다.
- 멘토와 멘티의 희망 사항을 반영한다.

(2) 매칭 방법

- 설문 조사를 통해 멘토와 멘티의 정보를 수집하고, 이를 바탕으로 매칭한다.
- 멘토와 멘티가 서로 만나 이야기를 나누고, 직접 매칭하는 방식을 활용할 수도 있다.

5) 멘토링 프로그램 운영

(1) 만남 주기

- 주 1회, 2주 1회 등 멘토와 멘티가 정기적으로

만날 수 있도록 한다.

(2) **활동 내용**

- 성경 공부, 기도, 봉사활동, 진로 상담, 취미 활동 등 다양한 활동을 계획한다.

(3) **평가**

- 멘토와 멘티의 만족도 조사를 실시하여 프로그램의 효과를 평가한다.
- 필요에 따라 프로그램 내용을 수정하고 보완한다.

6) 지원 시스템 구축

- 행정 지원: 멘토링 활동에 필요한 행정 업무를 지원한다.
- 교육 자료 제공: 멘토링에 필요한 다양한 교육 자

료를 제공한다.
- **상담 지원**: 멘토와 멘티가 어려움을 겪을 때 상담을 제공한다.

7) 지속 가능한 프로그램 운영

- **자원 확보**: 교회, 기업, 단체 등으로부터 후원을 받아 프로그램을 지속적으로 운영한다.
- **자원봉사자 모집**: 프로그램 운영을 위한 자원봉사자를 모집한다.
- **네트워킹**: 다른 멘토링 프로그램과 네트워킹을 통해 정보를 공유하고 협력한다.

8) 크리스천 청소년 멘토링 프로그램 운영 중점

- **꾸준한 관심과 지원**: 프로그램 운영에 지속적인

관심을 가지고 필요한 지원을 아끼지 않아야 한다.
- 유연한 운영: 학생들의 요구와 변화하는 상황에 맞춰 프로그램을 유연하게 운영해야 한다.
- 긍정적인 분위기 조성: 멘토와 멘티 모두가 즐겁고 의미 있는 시간을 보낼 수 있도록 긍정적인 분위기를 조성해야 한다.

4

환자 · 지체장애인 멘토링 프로그램

1) 프로그램 개요
- **대상**: 질병, 장애, 만성질환으로 고통받는 기독교인
- **기간**: 8주 과정, 주 1회(온라인 · 전화 · 방문)
- **목표**: 고통 속 신앙 회복, 공동체 연결, 삶의 의미 발견

2) 멘토 역할
- **정서적**: 공감하고 경청하기(충고보다 듣기 중심)
- **영적**: 말씀 중심 대화로 연결하기
- **실질적**: 주간 워크지 진행, 기도제목 정리, 필요

시 후속 도움 연결

3) 주간 진행 순서
- 인사 · 가벼운 대화(5~10분)
- 기도로 시작(짧게 인도)
- 말씀 묵상(주간 말씀 함께 읽기, 느낌 나누기)
- 워크지 활동(질문과 활동 진행, 멘티가 직접 작성하도록 격려)
- 나눔(멘토도 간단히 자기 이야기 공유, 멘티 이야기 경청)
- 기도제목 정리, 함께 기도
- 마무리(격려, 다음 주 안내)

4) 유의 사항
- "내가 겪어봐서 알아."와 같은 조언보다 "네 이야기를 들려줘서 고마워."와 같은 경청의 태도 취하기
- 신체적 피로 고려하여 긴 시간 요구하지 않기

(40~60분 내 진행)
- 개인정보 · 상황 비밀 유지
- 문제 해결사 역할 NO → 필요시 교회 · 전문 기관 연결

5) 준비물
- 주간 워크지 사본(출력 또는 PDF)
- 성경, 기도문 준비
- 필요시 작은 선물이나 격려 편지

6) 멘토 질문 예시
- 오늘 마음은 어떠세요?
- 요즘 가장 힘든 건 무엇인가요?
- 말씀 중 마음에 남은 구절이 있었나요?
- 이번 주 하나님께 바라는 기도가 있나요?

7) 멘토 마지막 격려 문구 예시
- 하나님이 당신과 함께 계십니다. 우리는 함께

걸어갑니다.
- 작은 걸음이라도 계속 가면 그것이 믿음의 여정입니다.
- 하나님 안에서 당신은 소중한 존재입니다.

8) 프로그램 기본 방향
- 대상: 질병, 신체장애, 만성질환 등으로 고통받는 기독교인
- 목표
  - 고통 속에서 하나님을 만나는 위로와 회복
  - 소외감을 줄이고 공동체 안에 연결되도록 돕기
  - 신체적·심리적 제한을 고려해 맞춤 설계
- 방식: 온라인·전화·방문 1:1 멘토링+병원/시설/가정에서 활용 가능한 프로그램

9) 주간 커리큘럼(8주 과정 예시)
(1) **1주차: 관계 열기, 믿음의 친구 만들기**

- 워밍업: 자기소개, 현재 상태 나누기
- 말씀: "수고하고 무거운 짐 진 자들아…"(마 11:28)
- 활동: 나의 상황 적어 보기, 기도제목 나누기

(2) **2주차: 하나님은 나를 아신다**
- 말씀: "여호와여 아시나이다."(시편 139편)
- 활동: 내가 가진 고통·두려움·소망 리스트 작성
- 기도: 하나님께 솔직한 마음 고백

(3) **3주차: 고통의 의미 묵상하기**
- 말씀: "환난 중에도 즐거워하나니."(롬 5:3-5)
- 활동: 내 고난을 통해 배운 것, 아직 배우고 있는 것
- 나눔: 멘토의 개인 간증(유사 경험 있으면 공유)

(4) **4주차: 낙심에서 소망으로**
- 말씀: "낙심하지 않고 속사람으로 새로워지다."(고후 4:16-18)

- 활동: 내가 바라보는 '소망의 그림' 그려보기 (글·그림·기도문 형태)

(5) 5주차: 감사의 연습

- 말씀: "범사에 감사하라."(살전 5:18)
- 활동: 하루 감사 리스트 3가지 쓰기
- 멘토링: 감사 습관 만들기 실천 계획 세우기

(6) 6주차: 나의 사명 찾기

- 말씀: "하나님의 작품, 나의 사명"(엡 2:10)
- 활동: 내가 남에게 줄 수 있는 작은 선물(격려, 기도, 나눔) 적기

(7) 7주차: 고통 중에도 함께하는 공동체

- 말씀: "너희가 짐을 서로 지라."(갈 6:2)
- 활동: 공동체 안에서 나를 지지해 줄 사람, 내가 의지할 수 있는 사람 정리
- 계획: 주 1회 연락하기, 함께 기도 요청하기

⑻ **8주차: 나의 고백과 다짐**
- 말씀: "여호와는 나에 목자시니…"(시편 23편)
- 활동: 나의 신앙 고백문 작성, 멘토·멘티 마지막 나눔
- 마무리: 기도, 격려 편지 교환

10) 워크지와 자료 예시

- 나의 고통·두려움 리스트 작성지
- 감사 리스트(매일 3가지 쓰기)
- 소망 그림 그리기 칸
- 신앙 고백문 양식(내가 믿는 하나님, 나의 소망, 나의 다짐)

11) 접근 방법

- 방문 멘토링: 병원, 요양 시설, 가정(이동 가능한 멘토 필요)
- 온라인·전화 멘토링: ZOOM, 카톡, 전화로 주간 나눔
- 예배·교회 연결: 교회에서 격려 편지, 공동체 기도 연계

5

외국인 유학생 선교 멘토링 프로그램

1) 프로그램 개요

(1) **목표**
- 외국인 유학생들에게 복음을 전하고 신앙 공동체로 인도
- 관계 형성 → 복음 소개 → 제자화의 3단계 접근
- 선교적 관점에서 본국 선교의 연결 고리 형성

(2) **대상**
- 한국에 체류 중인 외국인 유학생(비신자 또는 신앙 초보자)

(3) **운영 기간**
- 6개월 코스(필요시 연장 가능)

(4) **참여 구성**
- 멘토: 한국인 성도 또는 외국어 가능한 신자
- 멘티: 외국인 유학생
- 운영팀: 총괄 리더, 코디네이터, 멘토팀, 기도 지원팀

2) 프로그램 운영 구조

(1) **1단계 관계 형성(1개월)**
- 공항 픽업, 생활 적응 지원
- 환영 모임, 한국 문화 체험 활동(한복, 음식 등)
- 주 1회 언어 교환 모임(카페, 스터디룸 등)
- 멘토-멘티 매칭 인터뷰 및 오리엔테이션

(2) 2단계 복음적 나눔(2~3개월)

- 영어 또는 쉬운 한국어 성경 이야기 나눔(주 1회)
- 간증 나눔&영화(기독교 영화) 시청 후 토크
- 말씀+교제 중심 활동의 중간 소그룹 모임
- 기도제목 나눔, 중보기도 하기 등 기도 동행 시작

(3) 3단계 제자 훈련(4~6개월)

- 정기 1:1 멘토링(월 2회)
- 요한복음, 믿음의 기초 등 성경 기초 훈련
- 기도와 묵상 훈련(QT 노트 제공)
- 교회 예배, 봉사, 아웃리치 참여 등 공동체 활동
- 리더 발굴 및 다음 기수 멘토 훈련 연계

3) 주요 활동 예시

활동명	내용	주기
환영 만찬(파티)	멘티들과 첫 만남, 자기소개	입국 후 2주 이내
문화 체험 데이	한복 체험, 한국 음식, 문화 탐방	월 1회
성경 스토리 나눔	창조부터 예수님 이야기까지	주 1회

기도 카페	차, 음식 먹으며 기도제목 나눔	격주 1회
리더십 나눔	간증, 리더 멘티 발굴	마지막 달

4) 멘토 역할 및 가이드라인

(1) 멘토의 역할

- 진심 어린 관계 형성
- 언어/문화 장벽을 고려한 커뮤니케이션
- 삶과 신앙의 나눔과 본보기 제공
- 복음적 관심에 따라 자연스럽게 예수님 소개
- 정기적인 기도와 중보

(2) 멘토 태도 가이드라인

- 판단하지 않고 경청하기
- 문화적 차이에 민감하게 반응하고 이해하기
- 복음을 강요하지 않고 삶으로 보여 주기
- 정기적 피드백 및 점검 참석하기

5) 평가 및 간증 정리

(1) **중간 피드백**
- 멘티 만족도 조사(관계, 유익도, 신뢰감 등)
- 멘토 회의 및 고민 나눔

(2) **최종 간증 모임**
- 멘티&멘토 공동 발표
- 기도제목 나눔 및 다음 단계 연결 안내

(3) **성과 기록**
- 복음 수용 여부
- 예배 참석 및 공동체 참여 및 변화
- 제자 양육 대상 여부 확인

6) 자료 및 운영 지원

- 멘토링 매칭 리스트
- 성경 이야기 커리큘럼(PDF/워크북)
- 멘토링 활동 체크리스트
- 문화 교류 아이디어집, 책자
- 리더 멘토 훈련 가이드
- 프로그램 코디네이터(이름/연락처)
- 이메일

6
온라인 플랫폼을 활용한 멘토링

1) 주요 온라인 플랫폼별 활용 방법 예시

⑴ **구글 클래스룸**
- **강의 자료 업로드**: PPT, PDF, 동영상 등 다양한 형태의 강의 자료를 업로드하여 멘토들이 언제든지 학습할 수 있도록 한다.
- **과제 부여 및 피드백**: 멘토들에게 과제를 부여하고, 제출된 과제에 대한 피드백을 제공한다.
- **토론 게시판**: 멘토들 간의 질문과 답변, 의견 교환을 위한 토론 게시판을 운영한다.
- **퀴즈 및 설문**: 멘토들의 학습 내용을 평가하고,

교육 만족도를 조사하기 위한 퀴즈와 설문을 진행한다.

(2) **줌(Zoom)**
- **화상 강의**: 실시간 화상 강의를 통해 멘토들과 소통하고, 질의응답 시간을 가질 수 있다.
- **그룹 스터디**: 멘토들을 소규모 그룹으로 나누어 토론이나 워크숍을 진행할 수 있다.
- **화면 공유**: 강의 자료를 공유하거나 멘토들이 직접 화면을 공유하며 발표할 수 있다.
- **녹화 기능**: 강의 내용을 녹화하여 부재한 멘토들에게 제공하거나, 복습 자료로 활용할 수 있다.

(3) **슬랙(Slack)**
- **채널별 커뮤니케이션**: 멘토링 관련 채널, 일반적인 질문 채널 등 다양한 채널을 만들어 멘토들 간의 소통을 활성화한다.
- **파일 공유**: 강의 자료, 멘토링 자료 등을 공유하

고, 협업할 수 있는 공간을 제공한다.
- 통합 검색: 과거의 대화 내용이나 파일을 쉽게 검색할 수 있다.

⑷ **카카오톡 오픈 채팅**
- 비공개 커뮤니티: 멘토들만 참여할 수 있는 비공개 커뮤니티를 만들어 정보를 공유하고, 친목을 도모한다.
- 실시간 채팅: 멘토들과 실시간으로 소통하고 질문을 주고받을 수 있다.
- 이미지, 동영상 공유: 사진, 동영상 등 다양한 형태의 콘텐츠를 공유할 수 있다.

2) 온라인 멘토링의 어려움과 해결 방안

온라인 멘토링은 시간과 공간의 제약 없이 이루어진다는 장점이 있지만, 대면 멘토링과 다른 여러 가지 어려움이 존재한다. 이러한 어려움을 해결하기 위한 다양한 방안을 살펴보자.

(1) **소통의 어려움**
- 비언어적 소통 부족: 대면 상황에서 자연스럽게 이루어지는 눈빛, 표정, 몸짓 등의 비언어적 소통이 부족하여 멘티의 감정 변화를 파악하기 어렵다.
- 시간차: 실시간 채팅이나 화상 회의를 하더라도 시간 차이로 인해 대화 흐름이 끊기거나 오해가 발생할 수 있다

※ **해결 방안**
- 다양한 소통 채널 활용: 텍스트, 음성, 영상 등 다양한 소통 채널을 활용하여 멘티의 감정을 더 정확하게 파악하고, 깊이 있는 대화를 이끌어 낸다.
- 정기적인 피드백: 멘티에게 꾸준히 피드백을 주고

받으며 소통의 질을 높인다.
- **얼굴을 보며 대화**: 화상 회의를 통해 멘티의 얼굴을 보며 대화하는 시간을 충분히 확보한다.

(2) 동기부여 저하

- **외로움과 고립감**: 혼자서 온라인 환경에서 학습하다 보면 외로움과 고립감을 느낄 수 있다.
- **책임감 부족**: 대면 멘토링에 비해 멘티의 참여도가 낮아질 수 있다.

※ **해결 방안**

- 온라인 커뮤니티 활성화: 멘토와 멘티, 그리고 다른 멘티들 간의 소통을 활성화하여 공동체 의식을 고취시킨다.
- 다양한 활동 제공: 퀴즈, 설문, 게임 등 다양한 활동을 통해 멘토링을 즐겁게 만들고 참여도를 높인다.
- 정기적인 목표 설정: 멘티와 함께 구체적인 목표를

설정하고, 목표 달성을 위한 계획을 세워 동기부여를 한다.

(3) 기술적 문제

- 장비 및 인터넷 환경: 멘토와 멘티 모두 안정적인 인터넷 환경과 장비를 갖추어야 한다.
- 플랫폼 오류: 사용하는 플랫폼에 오류가 발생할 수 있다.

※ 해결 방안

- 안정적인 환경 구축: 멘토와 멘티에게 안정적인 인터넷 환경과 장비를 갖출 것을 권장한다.
- 다양한 플랫폼 활용: 하나의 플랫폼에 의존하지 않고, 다양한 플랫폼을 활용하여 문제 발생 시 대처한다.
- 비상 연락망 구축: 문제 발생 시 신속하게 대처할 수 있도록 비상 연락망을 구축한다.

⑷ **개인정보보호**
- 온라인상의 개인정보유출: 온라인 환경에서 개인정보가 유출될 위험이 있다.

※ **해결 방안**
- 보안 시스템 구축: 강력한 보안 시스템을 구축하여 개인정보유출을 방지한다.
- 개인정보보호 교육: 멘토와 멘티에게 개인정보보호의 중요성을 교육하고 주의해야 할 점을 알려준다.

온라인 멘토링의 성공적인 운영을 위해서는 멘토와 멘티 모두 적극적으로 참여해야 하고, 지속적인 소통과 협력이 필요하다. 앞에서 제시된 어려움과 해결 방안을 참고하여 효과적인 온라인 멘토링 프로그램을 운영하기 바란다.

에필로그

한 사람을 세우는 것의 기적

한 사람을 세우는 것은,
한 세대를 변화시키는 시작입니다.
우리는 때때로 결과를 빨리 보려 하지만,
하나님은 언제나 사람을 통해 천천히,
깊게 일하십니다.
오늘 당신의 작은 한 걸음,
조용히 기도하며 멘티의 이름을 부르는 그 시간이
하늘에서는 큰 파문이 되어 퍼지고 있습니다.
삶으로 이끌어 가는 멘토링,
보이지 않는 뿌리가 되어
다음 세대에, 또 그다음 세대에
하나님의 생명력을 전하게 될 것입니다.
작지만 위대한 여정에 당신을 초대합니다.

감사의 글

여러분이 저의 멘토입니다

먼저 이 책을 허락하신 하나님 아버지께 모든 영광과 감사를 올린다.

이 땅에서 하나님 나라의 모습을 몸소 보여 주신 신앙의 선진들과 저의 삶을 가까이서 바라봐 주시고 기도해 주신 사랑하는 멘토들께 감사를 표한다. 그리고 오랜 세월 믿음의 길을 먼저 걸어가며, 흔들릴 때마다 굳건한 기도와 격려로 붙들어 주신 모든 신앙의 선배들과 언제나 따뜻한 마음으로 함께하며 응원해 준 친구, 동역자, 후배들에게도 감사드린다. 그들의 삶의 간증은 이 책의 가장 깊은 뿌리가 되었다.

심히 부족하지만 오직 주님의 은혜를 구하며, 마음을 담아 하나하나 엮어 보았다.

유년 시절, 주일에 한 번 남원 읍내에서 여 전도사님이 우리 마을 외딴 초가집 교회당에 예배 인도를 위해 오신다. 그날이 오면 앞집 할머니의 손을 잡고 논두렁 길을 지나 초가지붕 위에 걸린 십자가를 바라보며 어둠 속 호롱불 빛이 희미한데도 친구들이랑 찬송가를 힘차게 불렀다. 차디찬 교회 마룻바닥에 무릎을 꿇고 눈을 감으면 예수님이 보이는 것 같아 여린 두 손을 모아 코끝에 대고 기도하던 모습이 아직도 눈에 선하다.

믿지 않는 가정에서 7남매 장남으로 태어나 부모님의 사랑을 듬뿍 받고 자랐지만 항상 빈 마음이 따라다녔다. 위로받고 칭찬받고 싶을 때, 그리고 진로를 고민할 때, 나의 꿈과 비전을 나눌 수 있는 형이나 누나가 있었으면 얼마나 좋았을까 생각하던 청소년기에 예수님은 찾아오셨다.

그 후로 주님은 많은 만남을 허락하셨지만 믿음 안에서 최진숙 권사를 만나 40여 년이 넘은 세월을 함께한 것이 큰 축복이다. 그동안 부족한 나를 믿어 주고 지지해 주고 응원해 준 아내가 감사하다. 이번 책을 내는 데도 주저하던 나에게 많은 용기를 주었고 일부 교정도 해 주었다. 늘 나에게 기쁨이며 행복을 선물하는 아들 치연, 며느리 경아, 딸 은지, 사위 정한, 손녀 지오에게도 감사하다.

기독교 멘토링을 시작하게 된 MVP선교회와 회원 멘토님들, 전주비전대학교 국제협력기술과 김미선 교수님과 학생들에게 감사하고, 성경 속 멘토링 사례에 조언을 주시고 교정을 해 주신 김종철 목사님 그리고 멘토링에 대해 깊이 공감해 주고 도움을 준 허대중 박사님과 정재영 집사님께도 감사의 말씀을 올리고 싶다. 출판을 선뜻 수락해 주시고 좋은 책이 되도록 도와주신 책과나무 양옥매 대표님과 편집을 맡아 수고해 주신 정혜성 님께도 감사의 마음을 보낸다.

2025년 겨울
정병표

부록

30일 멘토링 묵상 플랜

※ 매일 1개씩 짧게 묵상할 수 있도록 구성

※ 개인 묵상, 소그룹 스터디, 리더십 훈련 프로그램으로도 사용 가능함

날짜	주제	간단한 묵상 포인트
1일 차	멘토의 부르심	나는 누군가의 삶에 영향을 주는 사람인가?
2일 차	곁에 있는 제자	내 주변의 '여호수아'는 누구인가?
3일 차	삶을 통한 교육	오늘 나의 행동이 가르침이 될까?
4일 차	하나님의 음성 듣기	하나님의 인도하심을 들을 준비가 되어 있는가?
5일 차	기다림의 미덕	멘티를 기다려 줄 수 있는가?
6일 차	영적 계승	내가 계승하고 싶은 믿음은 무엇인가?
7일 차	헌신의 여정	포기하지 않고 따를 사명이 있는가?
8일 차	신앙의 본보기	내 신앙은 말과 행동이 일치하는가?
9일 차	관계 속 신앙 전수	누구에게 신앙을 전하고 있는가?
10일 차	하나님 경외	내 삶의 중심은 하나님인가, 나인가?
11일 차	유산 남기기	무엇을 남기려고 사는가?
12일 차	멘티와의 관계	내가 잘 이끌고 있는 멘티는 누구인가?
13일 차	함께 걸어가기	함께 성장하는 멘토링을 경험하고 있는가?

14일 차	실패와 동역	실패한 멘티를 어떻게 바라보는가?
15일 차	삶의 본보기	나의 삶은 다른 이들에게 어떤 본을 보이는가?
16일 차	가르침보다 본을 보이기	가르치기보다 살아 내는 것을 목표로 하고 있는가?
17일 차	소명 찾기	나는 어떤 부르심을 따라 살고 있는가?
18일 차	비전 나누기	나의 비전은 누구와 함께 공유되고 있는가?
19일 차	멘토의 인내	나는 멘토로서 인내하고 있는가?
20일 차	멘티의 순종	나는 배우려는 자세로 살아가고 있는가?
21일 차	일상 속 멘토링	특별한 사역이 아니라 삶 자체가 멘토링인가?
22일 차	멘토링의 기쁨	멘티의 성장에서 기쁨을 느끼는가?
23일 차	멘토링의 고통	멘토링의 아픔을 기꺼이 감당할 수 있는가?
24일 차	믿음 전수	신앙을 어떻게 다음 세대에 전하고 있는가?
25일 차	제자 세우기	나를 통해 세워질 제자는 누구인가?
26일 차	본을 보여 주는 리더	나는 어떤 리더인가?
27일 차	멘토링 실패 극복	실수한 멘토링을 어떻게 회복할 것인가?
28일 차	멘토의 겸손	나를 드러내기보다 하나님을 드러내고 있는가?
29일 차	마지막 충성	마지막까지 충성하는 멘토가 되고 있는가?
30일 차	멘토링의 열매	나를 통해 어떤 열매가 맺히고 있는가?

멘토―멘티 활동 체크리스트(8주간)
외국인 유학생 or 태신자 멘토링

주차	주요 활동	멘티 반응	멘토 체크	말씀
1주 차	자기소개, 관심사 나누기	☐ 활발함 ☐ 소극적임 ☐ 낯설어함	☐ 관계 형성 시도 ☐ 문화 차이 고려	창세기 1:27
2주 차	삶의 이야기 나누기, '삶의 지도' 작성	☐ 진솔함 ☐ 부담스러워함	☐ 공감과 경청 제공 ☐ 적절한 질문 사용	예레미야 29:11
3주 차	예수님 소개, 복음 브리지 사용	☐ 흥미 가짐 ☐ 혼란스러워함 ☐ 거부감 있음	☐ 복음 설명 명확 ☐ 강요 없는 나눔	요한복음 14:6
4주 차	자아 정체성 주제, 말씀 묵상	☐ 적극 참여 ☐ 어려움 있음	☐ 정서적 지지 제공 ☐ 말씀 연결 도움	시편 139:14
5주 차	기도 배우기, 함께 기도 시도	☐ 기도에 열림 ☐ 어색함 ☐ 거절	☐ 기도문 작성 지원 ☐ 짧은 기도 시도 유도	마태복음 6:9-13 (주기도문)
6주 차	공동체 소개 및 교회 방문	☐ 참석함 ☐ 망설임 있음 ☐ 미참석	☐ 사전 안내 충분 ☐ 적절한 사람 연결	히브리서 10:24-25
8주 차	변화 나누기, 감사 표현 (편지 작성), 향후 계획 세우기	☐ 진심 어린 나눔 ☐ 적극적 표현 ☐ 부담스러움	☐ 격려와 비전 제시 ☐ 삶의 방향 ☐ 다음 단계 안내	마태복음 28:19-20

멘토링 활동 보고서

※ 멘토링 횟수가 3회 이상인 경우 양식을 추가하여 기재 요함

멘토	소속		멘티	소속	
	이름			이름	
멘토링 목표 (수행 과제)					
1차	일시			장소	
	활동 내용				
2차	일시			장소	
	활동 내용				
3차	일시			장소	
	활동 내용				
멘토/멘티 상태 및 상호 관계					
문제점 및 대책 방안					
차기 추진 예정 사항					

20 년   월   일

작성자(멘토) :   (서명)

성경 구절 50개 주제별 정리

크리스천 영적 멘토링에서 멘토와 멘티 모두에게 힘이 되고 방향을 제시해 줄 수 있는 성경 구절은 격려, 지혜, 정체성, 인내, 사명 등 다양한 영역에서 영적 성장을 돕는다.

정체성과 하나님의 사랑

1) 하나님이 세상을 이처럼 사랑하사 독생자를 주셨으니 이는 그를 믿는 자마다 멸망하지 않고 영생을 얻게 하려 하심이라(요한복음 3:16).
2) 내가 확신하노니 사망이나 생명이나 천사들이나 권세자들이나 현재 일이나 장래 일이나 능력이나 높음이나 깊음이나 다른 아무 피조물이라도 우리를 우리 주 그리스도 예수 안에 있는 하나님의 사랑에서 끊을 수 없으리라(로마서 8:38-39).
3) 야곱아 너를 창조하신 여호와께서 이제 말씀

하시느니라 이스라엘아 너를 조성하신 자가 이제 말씀하시느니라 너는 두려워하지 말라 내가 너를 구속하였고 내가 너를 지명하여 불렀나니 너는 내 것이라(이사야 43:1).

4) 주께서 내 내장을 지으시며 나의 모태에서 나를 만드셨나이다. 내가 주께 감사하오음은 나를 지으심이 심히 기묘하심이라 주께서 하시는 일이 기이함을 내 영혼이 잘 아나이다(시편 139:13-14).

5) 그런즉 누구든지 그리스도 안에 있으면 새로운 피조물이라 이전 것은 지나갔으니 보라 새 것이 되었도다(고린도후서 5:17).

6) 우리는 그가 만드신 바라 그리스도 예수 안에서 선한 일을 위하여 지으심을 받은 자니 이 일은 하나님이 전에 예비하사 우리로 그 가운데서 행하게 하려 하심이니라(에베소서 2:10).

7) 내가 그리스도와 함께 십자가에 못 박혔나니 그런즉 이제는 내가 사는 것이 아니요 오직 내

안에 그리스도께서 사시는 것이라 이제 내가 육체 가운데 사는 것은 나를 사랑하사 나를 위하여 자기 자신을 버리신 하나님의 아들을 믿는 믿음 안에서 사는 것이라(갈라디아서 2:20).

8) 보라 아버지께서 어떠한 사랑을 우리에게 베푸사 하나님의 자녀라 일컬음을 받게 하셨는가 우리가 그러하도다 그러므로 세상이 우리를 알지 못함은 그를 알지 못함이라(요한일서 3:1).

9) 우리가 아직 죄인 되었을 때에 그리스도께서 우리를 위하여 죽으심으로 하나님께서 우리에 대한 자기의 사랑을 확증하셨느니라(로마서 5:8).

10) 옛적에 여호와께서 나에게 나타나사 내가 영원한 사랑으로 너를 사랑하기에 인자함으로 너를 이끌었다 하였노라(예레미야 31:3).

지혜와 인도하심

11) 너는 마음을 다하여 여호와를 신뢰하고 네 명

철을 의지하지 말라. 너는 범사에 그를 인정하라 그리하면 네 길을 지도하시리라(잠언 3:5-6).

12) 너희 중에 누구든지 지혜가 부족하거든 모든 사람에게 후히 주시고 꾸짖지 아니하시는 하나님께 구하라 그리하면 주시리라(야고보서 1:5).

13) 내가 너의 갈 길을 가르쳐 보이고 너를 주목하여 훈계하리로다(시편 32:8).

14) 너희가 오른쪽으로 치우치든지 왼쪽으로 치우치든지 너희 뒤에서 말소리가 내 귀에 들려 이르기를 이것이 바른 길이니 너희는 이리로 가라 할 것이며(이사야 30:21).

15) 주의 말씀은 내 발에 등이요 내 길에 빛이니이다(시편 119:105).

16) 우리가 세상의 영을 받지 아니하고 오직 하나님으로부터 온 영을 받았으니 이는 우리로 하여금 하나님께서 우리에게 은혜로 주신 것들을 알게 하려 하심이라(고린도전서 2:12).

17) 그러하나 진리의 성령이 오시면 그가 너희를 모든 진리 가운데로 인도하시리니 그가 자의로 말하지 않고 오직 듣는 것을 말하시며 장래 일을 너희에게 알리시리라(요한복음 16:13).

18) 여호와여 주의 도를 내게 보이시고 주의 길을 내게 가르치소서 주의 진리로 나를 지도하시고 교훈하소서 주는 내 구원의 하나님이시니 내가 종일 주를 기다리나이다(시편 25:4-5).

19) 여호와의 말씀이니라 너희를 향한 나의 생각을 내가 아나니 평안이요 재앙이 아니니라 너희에게 미래와 희망을 주는 것이니라(예레미야 29:11).

20) 여호와께서 사람의 걸음을 정하시고 그 길을 기뻐하시나니 그는 넘어지나 아주 엎드러지지 아니함은 여호와께서 그의 손으로 붙드심이로다(시편 37:23-24).

인내와 시련 속의 믿음

21) 다만 이뿐 아니라 우리가 환난 중에도 즐거워 하나니 이는 환난은 인내를, 인내는 연단을, 연단은 소망을 이루는 줄 앎이로다. 소망이 우리를 부끄럽게 하지 아니함은 우리에게 주신 성령으로 말미암아 하나님의 사랑이 우리 마음에 부은 바 됨이니(로마서 5:3-5).

22) 내 형제들아 너희가 여러 가지 시험을 당하거든 온전히 기쁘게 여기라 이는 너희 믿음의 시련이 인내를 만들어 내는 줄 너희가 앎이라 인내를 온전히 이루라 이는 너희로 온전하고 구비하여 조금도 부족함이 없게 하려 함이라(야고보서 1:2-4).

23) 모든 은혜의 하나님 곧 그리스도 안에서 너희를 부르사 자기의 영원한 영광에 들어가게 하신 이가 잠깐 고난을 당한 너희를 친히 온전하게 하시며 굳건하게 하시며 강하게 하시며 터 림 없게 하시리라(베드로전서 5:10).

24) 오직 여호와를 앙망하는 자는 새 힘을 얻으리니 독수리가 날개치며 올라감 같을 것이요 달음박질하여도 곤비하지 아니하고 걸어가도 피곤하지 아니하리로다(이사야 40:31).

25) 그러므로 우리가 낙심하지 아니하노니 겉 사람은 후패하나 속사람은 날로 새로워지도다 우리가 잠시 받는 환난의 경한 것이 지극히 크고 영원한 영광의 중한 것을 우리에게 이루게 함이니 우리가 주목하는 것은 보이는 것이 아니요 보이지 않는 것이니 보이는 것은 잠깐이요 보이지 않는 것은 영원함이라(고린도후서 4:16-18).

26) 여호와는 마음이 상한 자에게 가까이하시고 충심으로 통회하는 자를 구원하시는도다(시편 34:18).

27) 이것을 너희에게 이르는 것은 너희로 내 안에서 평안을 누리게 하려 함이라 세상에서는 너희가 환난을 당하나 담대하라 내가 세상을 이

기었노라(요한복음 16:33).

28) 이러므로 우리에게 구름같이 둘러싼 허다한 증인들이 있으니 모든 무거운 것과 얽매이기 쉬운 죄를 벗어버리고 인내로써 우리 앞에 당한 경주를 하며 믿음의 주요 또 온전하게 하시는 이인 예수를 바라보자 그는 그 앞에 있는 즐거움을 위하여 십자가를 참으사 부끄러움을 개의치 아니하시더니 하나님 보좌 우편에 앉으셨느니라(히브리서 12:1-2).

29) 하나님은 우리의 피난처시요 힘이시니 환난 중에 만날 큰 도움이시라(시편 46:1).

30) 사람이 감당할 시험밖에는 너희에게 당한 것이 없나니 오직 하나님은 미쁘사 너희가 감당하지 못할 시험을 허락하지 아니하시고 시험당할 즈음에 또한 피할 길을 내사 너희로 능히 감당하게 하시느니라(고린도전서 10:13).

성장과 성화

31) 오직 성령의 열매는 사랑과 희락과 화평과 오래 참음과 자비와 양선과 충성과 온유와 절제니 이 같은 것을 금지할 법이 없느니라(갈라디아서 5:22-23).

32) 그러므로 형제들아 내가 하나님의 모든 자비하심으로 너희를 권하노니 너희 몸을 하나님이 기뻐하시는 거룩한 산 제물로 드리라 이는 너희가 드릴 영적 예배니라 너희는 이 세대를 본받지 말고 오직 마음을 새롭게 함으로 변화를 받아 하나님의 선하시고 기뻐하시고 온전하신 뜻이 무엇인지 분별하도록 하라(로마서 12:1-2).

33) 너희 안에서 착한 일을 시작하신 이가 그리스도 예수의 날까지 이루실 줄을 우리는 확신하노라(빌립보서 1:6).

34) 그러므로 너희는 하나님이 택하사 거룩하고 사랑받는 자처럼 긍휼과 자비와 겸손과 온유

와 오래 참음을 옷 입고 누가 누구에게 불만이 있거든 서로 용납하여 피차 용서하되 주께서 너희를 용서하신 것같이 너희도 그리하고 이 모든 것 위에 사랑을 더하라 이는 온전하게 매는 띠니라(골로새서 3:12-14).

35) 나는 포도나무요 너희는 가지니 그가 내 안에 내가 그 안에 거하면 사람이 열매를 많이 맺나니 나를 떠나서는 너희가 아무것도 할 수 없음이라(요한복음 15:5).

36) 모든 성경은 하나님의 감동으로 된 것으로 교훈과 책망과 바르게 함과 의로 교육하기에 유익하니 이는 하나님의 사람으로 온전하게 하며 모든 선한 일을 행할 능력을 갖추게 하려 함이라(디모데후서 3:16-17).

37) 그러므로 너희가 더욱 힘써 너희 믿음에 덕을, 덕에 지식을, 지식에 절제를, 절제에 인내를, 인내에 경건을, 경건에 형제 우애를, 형제 우애에 사랑을 더하라 이런 것이 너희에게 있어

사명과 제자도

41) 그러므로 너희는 가서 모든 민족을 제자로 삼아 아버지와 아들과 성령의 이름으로 세례를 베풀고 내가 너희에게 분부한 모든 것을 가르쳐 지키게 하라 볼지어다 내가 세상 끝날까지 너희와 항상 함께 있으리라 하시니라(마태복음 28:19-20).

42) 네가 많은 증인 앞에서 내게 들은 바를 충성된 사람들에게 부탁하라 그들이 또 다른 사람들을 가르칠 수 있으리라(디모데후서 2:2).

43) 너희는 세상의 빛이라 산 위에 있는 동네가 숨겨지지 못할 것이요 사람이 등불을 켜서 말 아래 두지 아니하고 등경 위에 두나니 이러므로 집 안 모든 사람에게 비치느니라 이같이 너희 빛이 사람 앞에 비치게 하여 그들로 너희 착한 행실을 보고 하늘에 계신 너희 아버지께 영광을 돌리게 하라(마태복음 5:14-16).

44) 운동장에서 달음질하는 자들이 다 달릴지라도

오직 상을 받는 자는 하나인 줄을 너희가 알지 못하느냐 너희도 상을 받도록 이와 같이 달음질하라 이기기를 다투는 자마다 모든 일에 절제하나니 그들은 썩을 면류관을 얻고자 하되 우리는 썩지 아니할 것을 얻고자 하노라 그러므로 내가 달음질하기를 향방 없는 것같이 아니하고 싸우기를 허공을 치는 것같이 아니하며 내가 내 몸을 쳐 복종하게 함은 내가 남에게 전파한 후에 자신이 도리어 버림을 당할까 두려워함이라(고린도전서 9:24-27).

45) 새 계명을 너희에게 주노니 서로 사랑하라 내가 너희를 사랑한 것같이 너희도 서로 사랑하라 너희가 서로 사랑하면 이로써 모든 사람이 너희가 내 제자인 줄 알리라(요한복음 13:34-35).

46) 오직 성령이 너희에게 임하시면 너희가 권능을 받고 예루살렘과 온 유대와 사마리아와 땅끝까지 이르러 내 증인이 되리라 하시니라(사도행전 1:8).

47) 그러므로 우리가 그리스도를 대신하여 사신이 되어 하나님이 우리를 통하여 너희를 권면하시는 것같이 그리스도를 대신하여 간청하노니 너희는 하나님과 화목하라(고린도후서 5:20).

48) 그런즉 그들이 믿지 아니하는 이를 어찌 부르리요 듣지도 못한 이를 어찌 믿으리요 전파하는 자가 없이 어찌 들으리요 보내심을 받지 아니하였으면 어찌 전파하리요 기록된 바 아름답도다 좋은 소식을 전하는 자들의 발이여 함과 같으니라(로마서 10:14-15).

49) 너희 마음에 그리스도를 주로 삼아 거룩하게 하고 너희 속에 있는 소망에 관한 이유를 묻는 자에게는 대답할 것을 항상 준비하되 온유와 두려움으로 하고(베드로전서 3:15).

50) 인자가 온 것은 섬김을 받으려 함이 아니라 도리어 섬기려 하고 자기 목숨을 많은 사람의 대속물로 주려 함이니라(마가복음 10:45).

참고문헌

- 단행본
- 리차드 R.던, 지나 L.선딘, 정은심 옮김,『이머징 세대를 위한 영적 멘토링』, 2013, 기독교문서선교회.
- J.로버트 클린턴, 리처드 W.클린턴, 이영규 옮김,『멘토링 매뉴얼』, 2013, 디모데.
- 팀 켈러, 최종훈 옮김,『팀 켈러의 일과 영성』, 2013, 두란노.
- 토니 호스폴, 정은심 옮김,『영적멘토링』, 2016, 기독교문서선교회.
- 빌 밥, 김성웅 옮김,『멘토링』, 2007, 디모데
- 헨리블랙커비, 윤종석 옮김,『영적 리더십』, 2002, 두란노
- 함택,『인생 멘토』, 2019, 규장.
- 오미영,『2020 양의 문으로 내 삶의 최고의 멘토 예

수 그리스도』, 2020, 하움출판사.

- 박건, 『멘토링 사역 멘토링 목회』, 2006, 나침반사.

■ 논문

- 김선미, 「필리핀 차세대 리더를 위한 성경적 멘토링에 대한 연구」, 총신대학교 석사논문, 2022.

- 유재환, 「기독교 멘토링을 통한 리더십 개발 연구」 장로회신학대학교 대학원, 석사논문, 2009.

■ 인터넷

- 한국사회복지협의회 멘토링 포털(https://mentoring.or.kr)

- 한국기독교성경교육연구원(htttps://kcbei.com)

- 공군교회교육연구소(https://afccec.or.kr)

- 21세기교회성장연구원(https://churchgrowth21.com)

- 만나24뉴스(https://www.manna24.com/singlepost/2025/06/14/the-story)

흘러넘치면 너희로 우리 주 예수 그리스도를 아는 데 게으르지 않고 열매 없는 자가 되지 않게 하려니와(베드로후서 1:5-8).

38) 단단한 음식은 장성한 자의 것이니 그들은 지각을 사용함으로 연단을 받아 선악을 분별하는 자들이니라(히브리서 5:14).

39) 복 있는 사람은 악인들의 꾀를 따르지 아니하며 죄인들의 길에 서지 아니하며 오만한 자들의 자리에 앉지 아니하고 오직 여호와의 율법을 즐거워하여 그의 율법을 주야로 묵상하는도다 그는 시냇가에 심은 나무가 철을 따라 열매를 맺으며 그 잎사귀가 마르지 아니함 같으니 그가 하는 모든 일이 형통하리로다(시편 1:1-3).

40) 오직 사랑 안에서 참된 것을 하여 범사에 그에게까지 자랄지라 그는 머리니 곧 그리스도라(에베소서 4:15).

기보다, 성장할 수 있는 기회를 제공하는 인내와 믿음의 자세를 가져야 함을 보여 준다.

마가는 훗날 『마가복음』의 저자로 알려지며, 교회 역사에 큰 기여를 한다. 이는 멘티가 초기에는 부족해 보여도, 하나님의 때에 귀하게 쓰임 받을 수 있다는 믿음을 갖게 한다.

앞서 말했듯, 바울은 디모데에게 마가를 데려오라고 부탁하며, "그가 나의 일에 유익하니라"고 말한다. 이는 단순한 사역 복귀가 아니라, 깊은 용서와 신뢰의 회복을 의미하기도 한다. 오늘날 멘토링에서도 관계의 회복과 용서가 멘티의 성장과 공동체의 건강에 결정적 역할을 한다.

바울과 마가의 관계는 우리에게 실패를 딛고 다시 일어서는 멘토링, 인내와 용서의 중요성, 그리고 하나님의 때에 열매 맺는 사역의 유익함을 가르쳐 준다. 이 시대의 멘토링도 이러한 회복적 관계 안에서 더욱 깊고 풍성해질 수 있다.

6) 브리스길라, 아굴라 부부와 아볼로

"그가 회당에서 담대히 말하기 시작하거늘 브리스길라와 아굴라가 듣고 데려다가 하나님의 도를 더 정확하게 풀어 이르더라."(행 18:26) 아볼로는 성경에 대해 매우 박식한 인물이었으나 단지 요한의 세례만 아는 정도였다. 브리스길라와 아굴라 부부가 회당에서 담대히 말하는 아볼로를 데려다가 하나님의 도를 더 자세히 풀어 가르쳐 주었다. 즉, 장막 만드는 직업을 가진 아굴라 부부는 아볼로에게 영적 교사로서의 멘토의 역할을 한 것이었다.

이때 아볼로에게는 멘토링 성립의 4 요소 즉 매력, 관계성, 반응, 그리고 권위 부여 등이 다 나타나고 있다. 그 후 아볼로는 아가야로 가서 믿는 자들에게 많은 유익을 주었고 성경을 힘 있게 증거하여 예수는 그리스도라 증명해 공중 앞에서 유력하게 유대인들의 말을 이겨 복음 증거 사역에 중추적 인물이 되었다(행 18:27-28).

브리스길라 · 아굴라 부부와 아볼로의 관계는 '가정 중심의 멘토링', '온유한 교정', 그리고 '공동체적 성장'이라는 측면에서 오늘날 크리스천 멘토링에 깊은 교훈을 준다. 해당 교훈을 상세한 서사와 함께 풀어 보면 다음과 같다.

브리스길라와 아굴라는 아볼로를 자신들의 집으로 초대하여 복음을 더 정확히 가르쳤다(행 18:26). 이는 멘토링이 반드시 공식적인 자리에서만 이루어지는 것이 아니라, 가정과 일상 속에서 자연스럽게 진행될 수 있음을 보여 준다. 신앙의 멘토링은 식탁에서, 대화 속에서, 함께하는 삶 어디에서든지 이루어질 수 있다.

아볼로는 성경에 능통하고 열정적인 설교자였지만, 예수님의 복음에 대한 이해가 부족했다. 브리스길라와 아굴라는 그를 비난하거나 정죄하지 않고, 조용히 집으로 초대해 온유하게 진리를 가르쳤다. 이는 온유하고 인내하는 방식이야말로 참된 멘토링임을 알려 준다.

흘러넘치면 너희로 우리 주 예수 그리스도를 아는 데 게으르지 않고 열매 없는 자가 되지 않게 하려니와(베드로후서 1:5-8).

38) 단단한 음식은 장성한 자의 것이니 그들은 지각을 사용함으로 연단을 받아 선악을 분별하는 자들이니라(히브리서 5:14).

39) 복 있는 사람은 악인들의 꾀를 따르지 아니하며 죄인들의 길에 서지 아니하며 오만한 자들의 자리에 앉지 아니하고 오직 여호와의 율법을 즐거워하여 그의 율법을 주야로 묵상하는도다 그는 시냇가에 심은 나무가 철을 따라 열매를 맺으며 그 잎사귀가 마르지 아니함 같으니 그가 하는 모든 일이 형통하리로다(시편 1:1-3).

40) 오직 사랑 안에서 참된 것을 하여 범사에 그에게까지 자랄지라 그는 머리니 곧 그리스도라(에베소서 4:15).

사명과 제자도

41) 그러므로 너희는 가서 모든 민족을 제자로 삼아 아버지와 아들과 성령의 이름으로 세례를 베풀고 내가 너희에게 분부한 모든 것을 가르쳐 지키게 하라 볼지어다 내가 세상 끝날까지 너희와 항상 함께 있으리라 하시니라(마태복음 28:19-20).

42) 네가 많은 증인 앞에서 내게 들은 바를 충성된 사람들에게 부탁하라 그들이 또 다른 사람들을 가르칠 수 있으리라(디모데후서 2:2).

43) 너희는 세상의 빛이라 산 위에 있는 동네가 숨겨지지 못할 것이요 사람이 등불을 켜서 말 아래 두지 아니하고 등경 위에 두나니 이러므로 집 안 모든 사람에게 비치느니라 이같이 너희 빛이 사람 앞에 비치게 하여 그들로 너희 착한 행실을 보고 하늘에 계신 너희 아버지께 영광을 돌리게 하라(마태복음 5:14-16).

44) 운동장에서 달음질하는 자들이 다 달릴지라도

오직 상을 받는 자는 하나인 줄을 너희가 알지 못하느냐 너희도 상을 받도록 이와 같이 달음질하라 이기기를 다투는 자마다 모든 일에 절제하나니 그들은 썩을 면류관을 얻고자 하되 우리는 썩지 아니할 것을 얻고자 하노라 그러므로 내가 달음질하기를 향방 없는 것같이 아니하고 싸우기를 허공을 치는 것같이 아니하며 내가 내 몸을 쳐 복종하게 함은 내가 남에게 전파한 후에 자신이 도리어 버림을 당할까 두려워함이라(고린도전서 9:24-27).

45) 새 계명을 너희에게 주노니 서로 사랑하라 내가 너희를 사랑한 것같이 너희도 서로 사랑하라 너희가 서로 사랑하면 이로써 모든 사람이 너희가 내 제자인 줄 알리라(요한복음 13:34-35).

46) 오직 성령이 너희에게 임하시면 너희가 권능을 받고 예루살렘과 온 유대와 사마리아와 땅 끝까지 이르러 내 증인이 되리라 하시니라(사도행전 1:8).

47) 그러므로 우리가 그리스도를 대신하여 사신이 되어 하나님이 우리를 통하여 너희를 권면하시는 것같이 그리스도를 대신하여 간청하노니 너희는 하나님과 화목하라(고린도후서 5:20).

48) 그런즉 그들이 믿지 아니하는 이를 어찌 부르리요 듣지도 못한 이를 어찌 믿으리요 전파하는 자가 없이 어찌 들으리요 보내심을 받지 아니하였으면 어찌 전파하리요 기록된 바 아름답도다 좋은 소식을 전하는 자들의 발이여 함과 같으니라(로마서 10:14-15).

49) 너희 마음에 그리스도를 주로 삼아 거룩하게 하고 너희 속에 있는 소망에 관한 이유를 묻는 자에게는 대답할 것을 항상 준비하되 온유와 두려움으로 하고(베드로전서 3:15).

50) 인자가 온 것은 섬김을 받으려 함이 아니라 도리어 섬기려 하고 자기 목숨을 많은 사람의 대속물로 주려 함이니라(마가복음 10:45).

참고문헌

- **단행본**

- 리차드 R.던, 지나 L.선딘, 정은심 옮김,『이머징 세대를 위한 영적 멘토링』, 2013, 기독교문서선교회.

- J.로버트 클린턴, 리처드 W.클린턴, 이영규 옮김,『멘토링 매뉴얼』, 2013, 디모데.

- 팀 켈러, 최종훈 옮김,『팀 켈러의 일과 영성』, 2013, 두란노.

- 토니 호스폴, 정은심 옮김,『영적멘토링』, 2016, 기독교문서선교회.

- 빌 밥, 김성웅 옮김,『멘토링』, 2007, 디모데

- 헨리블랙커비, 윤종석 옮김,『영적 리더십』, 2002, 두란노

- 함택,『인생 멘토』, 2019, 규장.

- 오미영,『2020 양의 문으로 내 삶의 최고의 멘토 예

수 그리스도』, 2020, 하움출판사.
- 박건, 『멘토링 사역 멘토링 목회』, 2006, 나침반사.

■ 논문

- 김선미, 「필리핀 차세대 리더를 위한 성경적 멘토링에 대한 연구」, 총신대학교 석사논문, 2022.
- 유재환, 「기독교 멘토링을 통한 리더십 개발 연구」 장로회신학대학교 대학원, 석사논문, 2009.

■ 인터넷

- 한국사회복지협의회 멘토링 포털(https://mentoring.or.kr)
- 한국기독교성경교육연구원(https://kcbei.com)
- 공군교회교육연구소(https://afccec.or.kr)
- 21세기교회성장연구원(https://churchgrowth21.com)
- 만나24뉴스(https://www.manna24.com/single-post/2025/06/14/the-story)

브리스길라와 아굴라는 바울의 사역을 물질적·영적으로 도운 평신도 부부였다. 그들은 교회를 섬기고, 복음을 전하며, 지도자를 세우는 데 큰 역할을 했다. 이는 모든 성도가 멘토가 될 수 있으며, 가정과 직업 속에서도 복음의 영향력을 발휘할 수 있음을 보여 준다.

아볼로는 이후 고린도 교회에서 중요한 역할을 하며, 교회의 성장에 크게 기여했다. 브리스길라와 아굴라의 멘토링은 단순히 한 사람을 세운 것이 아니라, 교회 전체의 유익을 가져온 사역이었다. 이는 작은 멘토링이 공동체적 영향력으로 확장될 수 있음을 보여 준다.

정리하자면, 이 관계는 우리에게 '가정 중심, 온유한 교정, 평신도의 사역 참여, 공동체적 영향력'이라는 네 가지 축을 중심으로 멘토링을 실천할 수 있는 모델을 제시한다. 당신의 집도 누군가의 복음의 학교가 될 수 있다.